江南运河

——风土 环境 交通

刘森林 著

上海大学出版社

·上海·

图书在版编目(CIP)数据

江南运河:风土　环境　交通/刘森林著.—上海:上海大学出版社,2015.10
ISBN 978-7-5671-1894-2

Ⅰ.①江… Ⅱ.①刘… Ⅲ.①江南运河-概况 Ⅳ.
①K928.6

中国版本图书馆 CIP 数据核字（2015）第 238034 号

责任编辑　傅玉芳
美术编辑　柯国富
技术编辑　金　鑫
　　　　　章　斐

江南运河
——风土　环境　交通
刘森林　著
上海大学出版社出版发行
（上海市上大路99号　邮政编码200444）
（http://www.press.shu.edu.cn　发行热线 021-66135112）
出版人：郭纯生
＊
南京展望文化发展有限公司排版
上海上大印刷有限公司印刷　各地新华书店经销
开本787×960　1/16　印张17.25　字数188千字
2015年10月第1版　2015年10月第1次印刷
ISBN 978-7-5671-1894-2/K·138　定价：46.00元

"中华遗产·人居典范"书系／序

中国各区域遗存的历史人居环境，是不同历史时期的建筑技术、价值观、社会文化习俗和不同文化圈或文化类型的表征形式之一。它以其丰富的信息和独特性而成为历史的见证，具有无可替代的价值。然而，世俗往往以相悖的现实情境或价值态度诉之于视听：一方面，众人的保护意识有所强化和提高；另一方面，漠视、破坏的现象和恶性事件时有发生。反观近世欧美诸国对之延续、维护、更新、改造的认识和行动，大多趋于守常、葆真、如旧、如初，其间不乏高端和先进的科学技术手段的运用，将其纳入具有约束性的条款乃至法律的范域中，鲜见脱胎换骨式的冒进举措或新潮性的形式表述。其旨、其为或如美国刘易斯·芒福德在《城市发展史》一书中向大家发出一段忠告里所阐述的那样："城市社会已经发展到了一个分岔路口……，如果对历史有了深刻的了解，对那些至今依然控制着人类的古老决定有了高度的自知，我们就有能力正视如今人类面临的迫切抉择，这一抉择无论如何终将改造人类，即是说，人类或者全力以赴发展自己最丰富的人性，或者俯首听命，任凭被人类自己发动起来的各种自动化力量支配，最后沦落到丧失人性的地步……"意欲认识城市的渊源、前生、变迁、结构和功能，必然要对历史的遗存倍加珍惜，期冀"对那些至今依然控制着人类的古老决定"能有"高度的自知"，从而提升"正视如今人类面临的迫切抉择"的能力，当然也是历史发展颇为理想的结果。无独有偶，历史学家傅衣凌曾经也说过这样一句话，"我在研究历史中，还有一种'史料癖'，常常记住'当人类沉默时，石头开始说话'"——对于如此重要的"石头"，能不慎乎？不敬乎？显然，包括建筑遗产、人居环境遗产在内的物质文化遗产、非物质文化遗产，都是我们认识自身历史的最好见证。求木之长者，必固其根本；欲流之远者，必浚其泉源。事实上，传统与当下并非是对立或截然分离的二项变量；即便从"致用"层面看，有关人居环境方面的微观历史、形态研究与当今人居环境的保护、再生和建设活动的内里，无疑涵泳着显明的逻辑或本体性进深的递进和关联性。有鉴于此，我以为，目下切实要做的，当应建构起敬畏之心、虔诚之意，或如钱穆在20世纪40年代所说的那般，对待历史要充满温情和敬意——这可能也是保护、修葺、更新和发展包括中国传统优秀物质遗产、历史人居环境场所，乃至城市科学发展在内的一项长期而正确的抉择途径和一种态度，或许，也是学习、实践的辩证法和可持续发展的必由之路之一，是从事文物建筑、传统村镇和城市历史街区维护、改造、更新、再生暨设计、规划、施工和管理者们的当务之急。

身处快速变革的转型和激荡莫测的思潮变幻中，书生的作用是微渺的。不过，这些纸上烟云确也初步实现了依照笔者擅长的方式呼唤的初衷，进而奉献着共同推动人居环境自身历史发展和逻辑演进的绵薄之力。因而，以传统城乡聚落街区构成、历史变迁和特征等的梳理、复原和阐释的工作性质，大体上规定了"中华遗产·人居典范"书系诸文本的体例和格调——这种致力于对历史场景的读解工作，基本剔除了当下海内盛行的文化经营、工程创意类的运动型情结、权重性效应和群体性介入的取向，并借此作为勾联舆情、获取经济利益抑或政治绩效的契机——这些经营和创意貌似契合了政府有关推进城镇化进程、一体化和新农村建设的策略和潮流，土地集约、人口集聚和经济结构方式的转型、调整和统筹的举措以及试图减降城乡两元对立格局的现在进行时国情之需，正在快速地打造格式化、过度化的新型城镇和乡村。只是，历来浊清并置、多元共存的世俗情境，亦使得如此鼎革的前提裹挟和添增了隐显不一地删易人居环境中地域性、差异性和多样性的无限可能，——历史肌理及其记忆的漫漶或消弭，将随着岁月的更替而显得愈加沉重或迷茫。

基于上述，本书系的撰写实际上也反映了笔者学术研究领域方向的微调——从类别易为区域，变专一为综合，舍宏观而切近微观。如果说这是对先前有关传统人居环境系列研习的一种反动，毋宁认为前后的种种呈现了对中国传统人居环境科学的基础、内容等相关缺失的一种关切、自觉和努力——对于年均600余课时，兼顾本、硕、博三级教学和科研任务烦冗的教师而言，似乎只能以聚沙成塔的片断型方式积累和展开。因此，书系选题及其内容亦呈现着以下若干特点：第一，书的内容即对象的考察和相关积累大多在十年以上，甚至迈越二十年以上；书系所述所论以所见实物、实体为准，文献、史实考证为辅。第二，聚焦的区域空间、范围和时段宏微远近各异：大者跨省越市，小者集合于相同地理景观和文化特质的地域中，通常以相同或近似的文化类型为界；纵向时间轴的下限框定在20世纪40年代——这是一个传统体制、文化意识、核心价值观终结的时代，少数根据实际状态顺延至20世纪80年代。第三，选题和对象的差异决定了方法和切入点的不同：有些偏重于气候、地理条件、资源和经济方式等关联度较高的方面，有些着力于区域的核心、外围和辐射区的辨析，致力于传播、交流和互动的层面分析变迁、播化和变量的过程、结果以及特征形成的比较，但主旨仍在于探讨城乡聚落街区的构成、变迁、人居环境文化和建筑风格等，各在在不同。第四，"河出图，洛出书。"图文并茂有助于扩大对书籍阅读的理解和比较过程中视觉的独特功效。一方面，图象在"传既往之踪"层面，比文字直观、有效；另一方面，图像相对的厚真性，一可凸现以图证史的功能和价值，二可提升可读性。书系的图像由现状彩图、正投影建筑制图、透视图和地图等四部分组成，试图构建起一种现势、真切的观看和阅读方式。

王安石在《游褒禅山记》一文中指出，欲领略世之非常之观，当须具备四项：一曰志，二曰力，三曰不怠，四曰目。四项中的一、二、三项主要关乎和取决于自身，尽管"尽吾志也而不能至者，可以无悔矣"，但努力则是前提和必需的——唯有竭尽全力，苦仍不能至，也只能"可以无悔矣"。文中的"相"，当是辅助之意。在漫长的调查和撰著过程中，笔者得到了众人的关爱和援手，他们的帮助使得本书系不至于出现过多的谬误或纰漏。然此四项，又"非人人能得，故事亦不可件件皆成"。在此，真诚地希望能得到读者和方家的不吝教正。顺此，也希望"中华遗产·人居典范"书系并非仅是无所事事的自娱、自言自语的空寂，抑或无知无畏的偏拗。因为，仍然有足够的理由笃信，多样性的区域人居环境及其蕴含的历史传统和文化遗产，始终将会是人类社会和经济生活中的一个深远主题。是为序。

刘森林

2013 年 6 月 23 日于康奈尔大学

前言

镇江至杭州段之间的江南运河,不仅是大运河中最早开凿的河道之一,也是迄今为止运行畅通的区间,水路和航运条件最佳的区段。对沿线和流域城镇和乡村的经济、社会和文化的演变、发展和兴盛,曾经起到了无可替代的巨大作用,成为维系帝国命脉的重要枢纽。其干流经市区的有丹阳、常州、无锡、嘉兴和杭州,环城的有苏州、湖州、镇江,支流穿越的城市有金坛、溧阳、宜兴、江阴、张家港、常熟、太仓、昆山、吴江、宝山、嘉定、松江、青浦、奉贤、金山、嘉善、桐乡、海宁、平湖、海盐、余杭,城市间相距数十公里,堪称中国最早成型的"城市带"。同时,还催生了数以千计商贸市镇和村落的形成,造就了蔚为大观的物质遗产。

《江南运河——风土 环境 交通》一书旨在简要梳理其开凿、疏浚、维护和运输的历史脉络,主要包括其贯通和航运对江南的政治、军事、经济、商业和社会格局及其演进产生的作用力,与其他江河湖泊之间的关系,以及长年累月地修筑堤坝、疏浚河道和圩田沟渠,以及海塘工程建设,运河及太湖水网地带的河湖港汊,沿海防潮、盐水和泥沙对内陆的侵蚀,及运河周边地区生产、生活和生态环境如何逐步趋于理想化。全书大篇幅叙述了沿运城市、乡村和市镇的人居环境和文化生态,并对其进行了较全面的分析和概括。

全书共六章。第一章以运河演变为中心,分述其开凿和疏浚,地形、水系和灌溉,干支航道的变迁,漕运和南北交融及东西联动。第二章概述社会文化和物质遗产,包括城镇的变迁和发展、生产、市场和商贸、物质遗产、建筑景观和风物。第三章以诗画运河为题,唐宋诗词、散文小品、明清图像、弦韵昆腔、社团文集为目,从最具中国文化特色和传统精蕴的诗(词)、书(文)、画、琴、曲五个方面,撷取具有代表性的讴歌、吟诵和描绘、演绎人间天堂的生态世相、尘世逸境,一窥士夫山人的心路历程、生活逸趣和审美格调,以及忧乐天下的社稷之志和民生之心。第四章至第六章,主要围绕镇江、苏州、常熟和杭州等运河城市,塘栖、南浔、明月湾等沿运乡村市镇,民居建筑等,就其历史、空间结构、形态特征等展开叙述和讨论,包括分述不同时期的演迭和变迁。全书可与清华大学出版的拙著《江南市镇》相参看。

一人独处时,常常会回首自己走过的路,数一数不算短的人生旅程和曾经的足迹。平心而论,我与江南运河的缘分还真不浅:1976年、1978年的春节我是在位于常州市武进县西林乡张家村大伯家度过的。家的北面约40米处有条南北向纵贯的南童子河,两头连接着京杭大运河；南缘约80米处即是常州段的南线——无疑，这是典型的运河之家。我从上海到常州的主要任务是两位堂姐出嫁时，按当地的习俗需要家（族）中的男童抱马桶，据说将来可以男丁兴旺。1981年初冬祖母在吴江盛泽镇姑妈家过世，我从工厂请假奔丧。盛泽是名闻遐迩的运河名镇，我至今仍清晰地记得当时两地的住宅十分朴素，甚至还有些简陋，相信彼时的建筑、环境和生态与清代及民国时期是大致相似的。1985年5月23日、24日，李明晓、瞿明、杨培明、陈海生、孙杰、单继锋和我等上海大学美术学院第一届本科同学一行七人，骑车至金泽和周庄镇采风——金泽镇古意盎然，周庄俨然湖中岛屿，需乘船入镇。6月，外出写生课程的地点之一是柯桥，但见浙东运河穿镇而过，驳岸齐整，拱桥坚致，格局气整，楼居色泽黝黑……总之，与今日经打造和更新过的水镇及其生态意象不啻霄壤，这可能也是我多年来在此领域秉持"述而不作"的缘由之一。去年笔者小住康奈尔大学期间，曾数十次访问该校的建筑艺术与规划学院，大名鼎鼎的建筑师库哈斯为母校建筑学院做的改扩建设计"艺术方院"，摒弃了霍尔的"折旧建新"，运用钢、玻璃、石块和水泥等诠释了历史建筑，"非常感兴趣"的结果是其在斯蒂文·霍尔、彼得·卓姆托和汤姆·梅恩等众方案中一举胜出。新建的密尔斯坦因馆精妙地镶嵌于朗德馆、斯伯利馆和机械馆这三座历史建筑之间，借助新楼将原先孤立或并无关联的三馆维系在一道。令人称道的是，无论从哪一方位观看或进入，只能窥见一个片断——惟有在连续的行进中叠加这些片断方能形成一个完整的"艺术方院"的体验。正如作者所言，"历史建筑并不同于古典或者登记的建筑，每个时代的建筑对所处的环境、功能诉求和当代建造技术作出积极的反映，就是尊重正在发生的历史"。尽管库哈斯暨欧美设计师们所秉持的西方建筑文化进步论和东方中国崇尚传统的历史主义的见解指向也许非一，然而，密尔斯坦因馆的悬挑、方正桁架、圆形窗以及自下而上的报告厅、通透的地下空间和玻璃围合的轿厢等，分明传递了当下性和对历史的态度：对历史建筑，应该需要而且可以创新。

顺此而言，梳理和分析人居历史环境与更新和改造洵为一而二、二而一的逻辑，无可偏废。三十余年前的两次考察对我而言意义非凡，可谓偶然中孕育了某种必然，它激发了我数十年的自觉。《江南运河》一书于我不啻是一种记忆的延伸、数十年考察和学习的小结。在此，谨向镇江米仓巷张云鹏故居户主张松本先生致敬——他详细介绍了祖居的立意和特征，并允我进行勘查。正是基于他对祖居的"坚守"和原汁原味的修复，荣膺联合国教科文组织2000年亚太地区文化遗产保护杰出项目奖。另外，还要向提供彩图的学生邬丹、潘嘉伟表示衷心的感谢（未署名均为作者摄），以及付出辛勤劳动的上海大学出版社的责任编辑。同时，也真诚地祝愿老同学们在不同的国度一切顺意！

刘森林

2015年1月

目录

第一章　江南运河的演变 ——————————————— 001
　一、运河的开凿和疏浚 ——————————————— 004
　二、地形、水系和灌溉 ——————————————— 013
　三、干支航道的变迁和整治 ————————————— 019
　四、漕运和管理 —————————————————— 028
　五、南北交融和东西联动 —————————————— 034

第二章　社会文化、物质遗产和风物 —————————— 043
　一、沿运城镇的变迁和发展 ————————————— 047
　二、生产、市场和商贸 ——————————————— 052
　三、物质遗产 ——————————————————— 064
　四、建筑景观 ——————————————————— 073
　五、风物 ————————————————————— 082

第三章　诗画运河 —————————————————— 097
　一、唐宋诗词 ——————————————————— 099

二、散文小品 —————————————————————— 106

三、明清图像 —————————————————————— 114

四、弦韵昆腔 —————————————————————— 127

五、社团文集 —————————————————————— 136

第四章　运河城市 ——————————————————— 141

一、镇江 ——————————————————————————— 144

二、苏州 ——————————————————————————— 147

三、常熟 ——————————————————————————— 151

四、杭州 ——————————————————————————— 156

第五章　乡村市镇 ——————————————————— 163

一、塘栖 ——————————————————————————— 167

二、南浔 ——————————————————————————— 173

三、明月湾 —————————————————————————— 178

第六章　民居建筑 ——————————————————— 183

一、明清建筑 ————————————————————————— 185

二、民国建筑和地域性 ————————————————————— 211

三、华洋折衷 ————————————————————————— 222

第一章 / 江南运河的演变

镇江至杭州段间的江南运河，不仅是大运河中最早开凿的河道之一，也是迄今仍运行畅通的区间，水路和航运条件最佳的区段。它联系南北，承接东西，沟通长江、太湖和钱塘江三大水系，成为运河交通大动脉的重要部分。千余年来，受水文和地理变化等的影响，河道或淤浅，或改道，却始终未曾停止过开凿、疏浚、整治和维护工程。所流经的区域，以太湖平原和水网低洼地区为主。惟西缘冈峦连绵、地势高亢，致使全线水力资源丰枯不一，形成西部易旱、东部易涝的情形。由此，蓄水与泄洪、灌溉与田亩、堰闸堤坝与节流控水、交通与漕运，以及商品和贸易等诉求主导，构成了其繁复多元的本体、载体、功能和角色。根据所流经区域的地形、地势、水文条件和区位，似可将之分为北、中、南三段：北段从镇江迄至无锡望亭。此段河谷浅狭，地势偏高，总体呈西北向东南倾斜状。中段自望亭至苏州平望镇一线。其中，平望至八坼间是运河全线等高线最低的区域。南段，由嘉兴至杭州，地势自西南向东北倾斜，水力主要取于西湖，不足则引钱塘江水补给。

江南运河对沿线和流域城镇和乡村的经济、社会和文化的演变、发展和兴盛，曾起到了无可替代的作用。南宋詹体仁说道："浙右之有漕渠，非止通馈运，资国信往来而已，苏、秀（今嘉兴）、常、润（今镇江）田之高仰者实赖之。"[1] 也许正基于此，历朝历代对其一直倍加重视和关切，尤其在隋唐、宋元和明清千余年的岁月中，屡兴工役。漕运制的产生和实行对巩固国家一统、稳定地区安定和发展经济等方面起到了关键的作用。随着明清时漕运管理逐渐趋于细密和清晰，商品经济、流转和物资流通，以及官员商贾等不同阶层人群的交流、互动，都获得了不同程度的增益，使之成为维系帝国命脉的重要枢纽。

19世纪中叶后，由于战争摧毁、自然环境恶化等多种原因，运河部分北地河段臻于淤塞或荒废，但河道宽阔、水势平稳的江南河段通航依旧。沿岸的田亩、城镇既得灌溉、泄洪、航运和贸易之利，城镇繁荣，经济发达，商业

[1]
［明］陈懋仁. 泉南杂志［M］. 北京：中华书局，1985：31.

兴盛。又因镇江、丹阳、常州、无锡、苏州、常熟、昆山、松江、嘉兴、湖州、杭州等主要城市大都分布在运河沿线两岸。其中，运河主干流经市区的有丹阳、常州、无锡、嘉兴和杭州，环城的有苏州、湖州、镇江，支流穿越的城市有金坛、溧阳（丹金溧漕河）、宜兴、江阴、沙州（张家港）、常熟、太仓、昆山、吴江、宝山、嘉定、松江、青浦、奉贤、金山、嘉善、桐乡、海宁、平湖、海盐、余杭，城市间相距大多不足40公里，堪为中国最早成型的"城市带"。

一、运河的开凿和疏浚

翻检文献得知，江南运河的开凿大约始于春秋晚期。动因可能基于以下两点：一是兵燹争霸，二是生存、生产和生活的需要。着眼于生存、生产和生活而开挖河道的主旨，首先在于泄洪和灌溉。如沟通苏州和无锡之间的伯渎港，东起今无锡羊腰湾运河，向东经会坊前、梅村、鸿声和荡口，径入鹅肫荡和蠡湖，全长80里，沿线地势卑湿，是运河的一条重要支流，迄今已有三千余年。着眼于权力争霸而开凿的河道工程，旨在缩短行程、减降军需和用兵之要。如吴王夫差元年（前495）开掘从苏州往西北，经浒墅关、望亭、无锡城东、常州西北的奔牛，直至孟河镇境内注入长江的河道。一般认为，此河的部分区段当为江南运河的始基。按司马迁的说法是"此渠皆可行舟，有余则用溉浸"[1]。只是，早期运河的开凿并非都是人工开挖——利用自然河流、湖泊港汊的基础条件，适当辅以开凿、连接和整治，可能是采用最多的方式和类型。如从太湖向东流经嘉善、金山等地东流出海的胥浦，以及自太湖南隅入平湖、北通官渎的练渎等均系此类，堪称事半功倍，也与昔时的生产力符合若契——显然，一个不能忽略的事实是，湖荡连接、水乡泽国的自然条件，为水道的开掘和整饬提供了客观上的便利。

与吴国相仿的是，越、楚两国先后利用河湖港汊的自然优势也开凿或连接了若干运河，著名的蠡河就是范蠡伐吴时率众开凿的。该河自今日无锡锡山区的新安镇运河栅口始，分支东流，经杨家渎汇合至渎水，复经新桥渡、出坊桥与伯渎水相汇合，直达漕湖（蠡湖）。此河的西侧还有一条通向常州滆湖的西蠡河。越灭吴后，为加强对吴地的有效控制，还挖掘了从吴淞江到现苏州的陵道（古代陵、陆通用，陵道即陆道）——全长60余里，特点是水、陆并（平）行。迄至今日，此道南端的平望镇至松陵镇（现吴江治所）区间仍为水陆两道并（平）行的格局。研究者认为，此段应是后世运河中苏州——平望段的基础。

周显王三十五年（前334），楚国灭越后得

[1]
［西汉］司马迁.史记·河渠书.

以一统南方,疆域空前扩大。其治国策略之一便是全面整饬运河,如春申君黄歇封吴后采取了一系列举措:修整今苏、锡之间的河道(今运河苏州至无锡段);疏浚自太湖东岸经松江、金山、嘉兴的河道,与今苏州河相连、疏导入海,并易笠泽(今吴江)为"歇浦"(黄浦);疏通苏州城区的河道,河水贯通全城后经各座水门出入,裨于泄水和舟行;开凿和贯通了自今无锡西缘经常州武进东折向北、从江阴入长江的河道,开辟了河与江连接的又一通途……由此可见,无论是争霸保疆,还是泄洪、灌溉,发展农业和交通运输不啻是一而二、二而一的事,互为表里,本质上并无区别——争霸、保疆需要相应的经济和军事实力作后盾;反之,农田灌溉、河道疏浚和整饬以及畅通的运河对社会经济的发展能够发挥积极的作用;开凿和贯通运河,也必定促进农业、手工业、商业及城市的发展。

自秦朝迄晚清的两千余年中,历朝历代持续地开拓河道、疏浚运河、整饬运力和经略运河——这项庞大而艰巨的工程似乎也只有政府统筹和组织,方有可能实施。只是不同时期的着眼点偏倚不一、力度存异而已。如秦朝重点在于江山一统、疆域控制和基业稳定,故彼时江南工程主要是贯通陵水道至钱塘(今杭州)——这样,运河的南口就可以径直汇入钱塘江,有效连接会稽(今绍兴)。西汉吴王刘濞修建盐铁塘运河的宗旨与秦王大体相当,河道从杨舍(今属张家港市)北开始,由今西旸入常熟,经福山、梅李和支塘一路流经太仓境内,复在葛隆镇处流入今上海市域内,从黄渡入吴淞江(下游今为苏州河)——这条专司运输盐、铁等重要战略资源的运河,首端与无锡的蠡河相通,尾闾连接吴

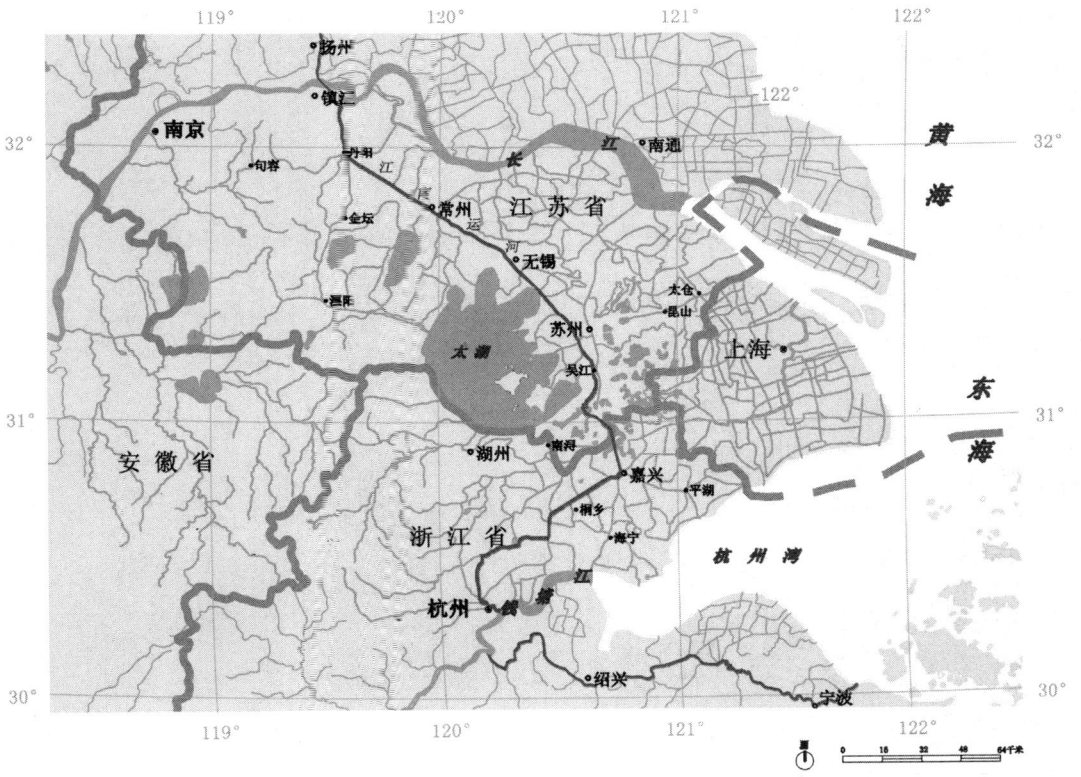

江南运河地图

淞江与运河，沿线沟通白茆塘（今属常熟）、戚浦塘、刘河塘（也称浏河塘，均今太仓境内）等多条支流和湖塘，有效地调节了江湖的水力，减弱了太湖东向数百里低洼之地的流注之势。还有汉武帝（前157—前87）时，因征调闽越贡赋之需在苏州南的太湖沼泽地带掘河开道，南接嘉兴、杭州。自此，苏、嘉、杭三地得以连通。

三国东吴孙权集团于赤乌八年（245）在丹徒、云阳（今丹阳）之间重掘的破岗渎，意在加强西端江宁（今南京）、京口（今镇江）一线岗阜地区与东缘太湖平原和杭嘉湖的联系。这条长近千里的河道自南京、句容的中道，经云阳往东南，复经常州、无锡、苏州、吴江、嘉兴和杭州，穿过钱塘江直抵会稽，成功地沟通了长江和钱塘江两大水系——这是长江以南首条纵向到边的人工河，也成就了嗣后南北朝时代三百余年江南的水上要道及其漕运。不过此道滥觞于秦而非始凿于东吴，这在张勃的《吴录》中也有明确的记载[1]。因河道受地理条件的桎梏明显，工程量大，故两晋南北朝时仍持续地展开。如六朝南齐时修建的丹徒水道便是东吴破岗渎往东方向的延伸段，也为隋朝开凿江南运河奠定了基础。永嘉元年（307）又在京口南开始修埭筑堰，这也是江南运河史上的第一道埭堰。同期还兴建了著名的顿塘工程——自今苏州平望镇西至吴兴（今湖州），是为西线的滥觞。

隋朝一统全国后，贯通运河成为其国政的大要。在北方通济渠、邗沟贯通后的大业六年（610），隋炀帝役众疏浚的北自涿郡（今北京）、南迄至余杭郡（今杭州）的运河全线贯通，至此也完成了以首都洛阳为中心的浩大运河工程体系。《资治通鉴》载曰："大业六年冬，十二月，……敕穿江南河，自京口至馀杭，八百馀里，广十馀丈，使可通龙舟，并置驿宫、草顿，欲东巡会稽。"[2] 又据《元丰九域志》卷五《两浙路》的记载，彼时的润州、丹阳，常州武进、晋陵（今属常州）、无锡，苏州长洲、常熟、吴江（今属苏州）、秀洲、崇德（今属嘉兴）等地均为运河流经之所。

河道绕太湖以东的沿线正是江南最富庶的地区，白居易的"平河七百里，沃壤二三州"[3] 诗句指的就是此段河道及其流域。运河呈西北—东南向贯穿今常州市域经戚墅堰区的横林镇，进入无锡市的洛社镇，境内尚有武（武进）宜（宜兴）运河，丹（丹阳）、金（金坛）、溧（溧阳）漕河和荆溪等河道，滆湖、洮湖（也称长荡湖）等旷野无际的天然湖泊，港汊纵横，水系丰沛。又因常州段无丘陵高低之征，故其开凿和疏浚、维护无虞，河道齐整。运河穿越无锡城区后，流经今南长区清明桥附近一分为二：一支经梅村到常熟；一支经新安到苏州。西侧的梁溪上下连通运河与太湖。金友理在《太湖备考》卷二中载曰："锡

[1] [北宋]李昉.太平御览（卷七三）·地部·引.至于唐代许嵩的《建康实录》所云，已是东吴开凿的记录：由建康下苏州、绍兴，不再经由长江。（魏嵩山，王文楚.江南运河的形成及其演变过程 // 中华文史论丛（2）[M].上海：上海古籍出版社，1979：308，309）.

[2] [北宋]司马光.资治通鉴（卷一八一）·隋纪五.

[3] [唐]白居易.白氏长庆集（卷二七）·想东游五十韵并序.

惠诸山泉，聚为梁溪；梁溪自县西门太堡墩分运河流，下西定桥；西南行至仙女墩，分而南为中桥河；又西南行，分而为小渲、大渲；又西南行，而溪流尽入太湖。"[1] 这段文字说明了梁溪之水的来源、脉络及其流向。

南段运河经过苏州吴江的平望后也一分为二。据蕲水、蔡绍等编纂的《漕运河道图考目录》所载，浙运由嘉兴府历经王江泾北行，至吴江县平望镇者曰南塘河，由湖州府南浔镇东行，经莺脰湖至平望镇与南塘河汇流，曰西塘河。两河合为官塘河，西北行40里至吴江县东，引而西北，曰北塘河，又北经苏州城西点鱼台，北至枫桥。从中可以看到，吴江至杭州之间的运道早在隋朝时就开凿了东、西两条线路：东线自南而北的走向是从余杭经石门、嘉兴、乌镇，经王江泾，过平望抵吴江；西线从南至北的走向是自余杭经菱湖、湖州、南浔，过平望抵吴江。其中，平望镇是两线的交汇点——直至今日，运河东、中、西三线的交汇和分汊点依然在此。

唐朝和北宋运河工程主要体现在隋朝基础上进行的疏浚。如为解决润州水源的欠乏，于开元二十二年（734）创立京口埭[2]，至德年间（756—757）兴筑望亭堰[3]，在今海宁长安镇创设长安闸，还有李泌的钱塘"六井"、白居易在钱塘和苏州的塘堤工程等，五代吴越时在杭州上塘河口处掘茅山河连通钱塘江，于河口处立龙山和浙江闸等，旨在隔潮、阻沙和入运。因北宋水利和运河工程的经略重点尚在北方，故仍因袭隋唐凿疏之功，在京口、吕城、奔牛等处置闸设堰，在唐治的基础上重浚丹阳练湖、苏州段唐堤之东修堤筑坝等。苏轼知杭州时集捍江兵士、厢军开浚纵贯杭城向北的茅山、盐桥两河，分受钱江潮和西湖水。前者因置闸堰，有效地规避和阻隔潮沙入运；后者由苏氏率众积葑草为堤。南宋以降，对江南运河承负的功能遂倍加依赖，勤于疏浚和维护。淳熙时还开凿了自杭城北缘至奉口（现德清县南）的运道，进一步拓展了运河西线的航道。

元代政治和经济中心严重分化的情势，促使朝廷将贯通大运河、增加运力、河道调整和拓展海运等作为国策战略，经调整和疏浚后的大运河，从南端杭州一路北上，直抵大都路（今北京）下属的通州，形成了近世的京杭大运河。为保证充足的水源服务于漕运，又在沿运各处修建了众多闸坝以调节水力。至正年间（1341—1368）还对杭州下塘河进行了整治，"自武林港口开浚至北新桥，又至江涨桥，广二十余丈，遂成大河"[4]。至此，杭州段运河基本定型。

明清两代是江南运河由鼎盛转为衰微的关捩期。因明初以应天（南京）为都，故漕运亦以其为中心。永乐朱棣高度重视开凿和贯通运河，不惜用一五年的时间疏浚大运河，奇功

[1]
［清］金友理.太湖备考［M］.南京：江苏古籍出版社，1998：55.关于梁溪一名的由来，据《吴地记》载，梁大同间重浚，故名，或言梁鸿曾居此。梁鸿，东汉名士，扶风平陵（今陕西咸阳）人。梁氏家贫好读书，后娶富家女孟光为妻。后梁、孟经鲁、淮、越常州、梅里，最终匿居无锡。他们生活俭朴，相敬如宾，相濡以沫，夫唱妇随，传孟光端饭给梁氏，双手高举，"举案齐眉"遂不胫而走，誉为美谈。为纪念高士，邑人遂将此水命名为梁溪。自此，梁溪也作为无锡的别称。

[2]
［北宋］新唐书·地理志·润州丹徒县下.

[3]
［元］宋史·河渠志·东南诸水下.

[4]
［清］（光绪）杭州府志（卷五三）·水利.

厥伟，堪与隋炀帝相提并论。终明一代，也是屡兴工役。清代的江南运河历经康、雍、乾盛世百余年的整饬，成效卓著。如康熙四十七年（1708）重浚塘栖至杭州段运河，雍正五年（1727）又浚自驿桥至清河闸间302丈；上塘河段运河也于同年浚挖了自艮山门施家桥迄施家堰间7 779丈。清中晚期在治运方面虽亦一如既往，但衰相已渐露。道光五年（1825）江苏巡抚陶澍大力整饬丹阳的练湖。鉴于该湖淤积、围垦严重，遂与林则徐相度地理，"于湖顶冲之黄金坝及东冈筑两重蓄水坝，培圩埂二千八百八十丈，使水得入湖。又建减水石坝二于湖之东堤，俾可宣泄暴涨。于入运处修复念七家古涵，以作水门，并建石闸以放水济运。是冬工浚，由涵引水出，竟能倒漾上行数十里，军船得衔尾而南"[1]。

基于清末运河的种种衰微和弊端，清廷于光绪三十四年（1908）决定裁撤运河漕运，改为海运。至此，两千多年的大运河历史由盛转衰，由衰败而失修，直至停止漕运。停漕后的江南运河虽然运行无废，但疏浚、维护等事项已由朝廷易为地方为主导，其力度也大不如昔。事实上民国时期已多为分省、分段地修浚局部河道。随着近代铁路、公路和海运等的迅速发展和崛起，工业、经济、商贸、社会等各方面对水运的依赖性也大为减弱，河道运输一枝独秀的时代已一去不复返了。运河中心的苏州受运河功能的萎缩和衰退的影响，渐失经济和金融中心的地位，历史上以米市驰名的枫桥几乎关捩为一寒村。复兼太平天国战争、1937年至1945年的八年抗日战争、1945年至1949年内战的影响等，使运河的交通运输雪上加霜，停滞不前。

二、地形、水系和灌溉

江南运河流经区域的地形多样，地貌丰富：太湖与杭州湾之间是广阔的洪积地，湖周及其东缘的昆山、吴江和青浦一带为湖沼地带；西北部太湖北岸的常州和无锡等地为低洼区域；沿长江南岸的江阴、张家港、常熟、太仓、嘉定、宝山一线则是冲积低地。北端的镇江、丹徒、丹阳一线因西北宁镇山脉和西南大茅山脉的底衬而显得高亢，是为冈垄区地形……地形构成既有岗峦山地、连绵丘陵和台地，也有泥炭地、砂州和泛滥的平原，大型水域、湖泊和浅水域等多种自然形态。

总面积广约 3.65×10^4 平方公里的浩淼太湖地跨苏、常、嘉、润四府，水脉支系上北有百渎、南有诸溇，汇合了东、西苕溪（也称霅溪），东端的三江则是太湖下泄入海的孔道。在水流方面，流经太湖西部金坛、溧阳、宜兴的荆溪（南溪）和南部湖州的苕溪水分受苏、浙、皖交界的界岭山地和茅山、天目诸山的来水汇入，形成太湖的上泓。其水下泄经苏州和无锡市的胥口、瓜泾口、南厍口、大浦口等河港，

[1]
［民国］清史稿（卷一二七）·河渠志·运河.

分别通过望虞河、胥江、娄江（浏河）、吴淞江和黄浦江等流泄至长江、东海。简言之，太湖水源自西部和西南部，从东北岸分流而出，形成了从西南向东北的倾斜流。又因湖浅，容易形成风向流。"在这两种湖流的交互作用下，湖水形成了一个反时针流向的常年主流者，对西岸和南岸侧蚀较重。"也基于此，"江南产生的治水技术便与此密切相关"[1]。大约在宋元期间，变化不断的太湖日趋稳定。随着海平面抬升、陆地下沉等因素，当湖泊和池塘大量生成之际，日积月累的潮泥便大量地淤积在沿海，使海岸线持续性地向外扩张。复因东江、娄江等先后淤塞，吴淞江束狭，于是，黄浦江得以逐渐"上升"为太湖泄水的主要通道。故青龙港、刘（浏）河港的崛起和衰微，与上述变化不啻涵有因果。

至于水源依赖长江的镇江、丹徒、丹阳等地因处于运河等高线之高位，长期缺乏水源，而且受季节性丰枯的影响明显：春、夏季江潮上涨，运河水势高涨，通航无阻；一俟秋、冬季节，补水既缺，泻水却快，浅水导致航行困难。从无锡至吴江、吴兴（湖州）及松江、嘉善等地是地势低洼的泻湖带和水网密集区，平均海拔仅为2~4米。其中，较具规模的湖泊就有石湖、独墅湖、金鸡湖、角咀、青剑湖、黄天荡、澹湖、白塘、阳澄湖、昆承湖、尚湖、汾湖、南湖、淀山湖、白莲湖、长白荡、明镜荡、澄湖、莺脰湖、北麻漾、长漾、西葑漾、孔孚漾、商林漾、洛社漾、苎溪漾、双福漾、韶村漾、碧浪湖、下渚河等五十余个，望虞河、白茆塘、常浒河、元和塘、张家港、盐铁塘、耶泾塘、福山塘、青墩塘、顿塘、戚浦河、吴淞江、娄江、急水港、太清河、西苕溪、东苕溪、白米塘、浔溪、长湖泾等四十余条河流，堪称河塘密布，河道纵横。在不过205里的嘉善县域内，尤其东、西、北部，计有3湖、29荡、4漾、24塘、6河、5溪、39泾、68港、12湾、65浜、8滩、5潭、4井泉[2]。

无论在水文地理方面，还是气候土壤方面，江南运河都是大运河全线和流域中自然条件最优越的区段。从水文地理上考察，它沟通了长江、太湖和钱塘江三大水系。自西而来的长江流经11省、市、自治区，在上海市汇入东海，全长6 300公里。汉代以前长江口位处今扬州和镇江之间，河口曾宽达40余公里。至唐时江面已缩束为9公里许。春秋时开凿的胥溪使青弋江、水阳江流域的丹阳湖、石臼湖、固城湖等三个湖泊的出水经南溪泄入太湖，及至明代建构东坝后阻断。其下的主流为宜溧运河，汇水经宜兴西氿——东氿于大浦口处的港娄汇入太湖。洮、滆之水经太湖——滆湖段的运河汇入太湖，或经宜溧运河输入，运河之水则大多经百渎港、直湖港流入太湖。

黄浦江、吴淞江、太浦河、运河等均为太湖出口，泄水至运河经多个出水口分流汇出，如太湖西缘北岸（无锡境内）的梁溪口、东北

[1] 冯贤亮. 明清江南地区的环境变动与社会控制[M]. 上海：上海人民出版社，2002：26.

[2] 同上：337.

岸的沙墩港、东岸的胥口（苏州境内）等。汇入运河的水也经多条通江的河道港汊进入长江水系，如无锡至江阴的锡澄运河、望虞河、常浒河、白茆塘、阳澄湖，太仓的戚浦河、杨林塘、浏河。当然，运河水也并非单向地流入长江，江水也会顺上述河湖港汊倒流至太湖。

钱塘江原名浙江、之江，源于安徽休宁县怀玉山，曲折逶迤往东经歙县、建德，经富阳、杭州、海盐，于澉浦处注入杭州湾和东海。其水质清澈，含沙量低，故不似长江下游及入海口发育状或形成沙洲，而是宽阔的喇叭状港湾。

沿运流经区域的气候大体在东部季风气候区内，冬季时由于亚洲大陆北部高压发展强劲，东部盛行偏北冬季风；夏季由于印度洋热低压和北太平洋副高的发展，以偏东南的夏季风为主，季风气候形成了此地夏季温暖多雨、冬季温寒少雨的特点。从气候带上看，沿运流域位于亚热带湿润季风气候区中，积温在 4 500℃~8 000℃之间，最冷的一、二月气温在 0℃~15℃之间，河面基本无冰冻，可长年通行。年降水量平均在 2 000~1 000 毫米之间，亚热带季雨林中天然植被的常绿阔叶林、混生常绿阔叶的落叶林遍布。既保证了良好的林木环境生态，又提供了修河筑道和堤坝的建材。从田土和地质上看，红壤、黄壤、黄棕壤和黄褐土等土壤种类适宜农作物。

在春秋时期的农业方面，时吴国业已"农夫作耦，以刈杀四方之蓬蒿"[1]。数人合力驱牛犁田，功效已经显现。毗邻的越国在耕作时注重"垦草创邑，辟地植谷"[2]。施肥、除草的方法大抵是"火耕水耨"——将杂草陷入泥中沤肥、火烧庄稼多余秸秆以作肥料，达到

"谨除苗秽，秽除稻盛"的目的……整治后较好地减降了洪涝灾害和泄水之感，农田被改造成便于灌溉的塘浦田——平原低地上土质肥沃的陂池、田土与河塘。一定程度上也平整了田土的等高线，不妨为今日圩田的雏形；对灌溉农业区而言，灌溉之利庶几使农业趋于发达——灌溉和泄水的繁难之事一旦解决，耕作技术的改进就有了保障和用武之地。关注古代江南历史的迈克尔·马默认为，苏州地区若没有水利设施和大量投资的话，这里无疑将一直保持穷乡僻壤之面貌，"不过一旦修筑堤坝并将积水抽干，那么阴湿的沼泽将变成高产的农田"[3]。法国的魁奈在看到传教士关于中国南方农田肥沃的描述时，颇为惊奇，认为在别处几乎连荆棘或灌木都难以生长的地方，在这里却变成了明媚的美景[4]。

实际上，近乎长年累月地修凿、疏浚和维护以及圩田、涟渠的建设等，使得运河以及太湖水网地带的河湖港汊的生态及其环境逐渐趋于理想化。包括针对沿海地区防潮、盐水和泥沙对内陆的侵蚀而展开的一系列筑堤构堰的海塘工程，进一步稳定了农田的规模，

[1]
[春秋]国语·吴语.

[2]
[春秋]左传·襄公八年.

[3]
[美]迈克尔·马默.人间天堂：苏州的崛起，1127—1550//[美]林达·约翰逊.帝国晚期的江南城市[M].成一农，译.上海：上海人民出版社，2005：26.

[4]
[法]魁奈.中华帝国的专制制度[M].谈敏译.北京：商务印书馆，1992：12，66.

保证了农业质量。

运河的开凿对造船业、手工业、养殖业和商业等相关领域的影响、促进和带动也是明显的，例如20世纪五六十年代在武进淹城发掘的三艘独木舟，形如梭、尖头敞尾，如此头重尾轻的经营无疑有裨于航行，且无进水之虞。1985年在今宜兴市芳桥镇出土的分船隔舱的独木舟，舱板业已用木钉固定……如果说上述尚无证据支持淹城、芳桥独木舟游弋和航行于河道中的话，那么，周敬王三十五年（前485年）徐承率吴国水军北出长江口所乘坐和航行的战船，则必须具有一定的数量和相应的技术，而且，若无相当规模的造船基地、手工业配套和相符合的工艺技术和手段，建造此类征战用的舰船是断无可能的。迄至明清，常熟、太仓等濒江沿海之地的官营船业依旧发达，专门为船业提供原料的油麻、竹木等行业也获得了相应的发展。

再从南京北阴阳营遗址、金坛东乡鳖墩西周墓和昆山盛庄等处出土的陶勺、铜的炼渣、青铜块以及冶铸遗址等的发掘看，昔时沿运的铜铁冶铸已趋于较发达的阶段[1]。至于商业和物资交流方面，《史记》中范蠡"乘扁舟浮于江湖，变名易姓，适齐为鸱夷子皮，之陶为朱公。朱公以为陶天下之中，诸侯四通，货物所交易也。乃治产积居。与时逐而不责于人。故善治生者，能择人而任时。十九年之中三致千金……遂至巨万"[2]的这段文字，则记载了范氏由吴越经邗沟北上至商鲁，进而定居于陶（今山东定陶）。也许正是基于陶居水运中心之位，得交通运输之便利，所以，既成为范蠡的栖息之所，也成就了其获利百万的商业传奇。

三、干支航道的变迁和整饬

受水文、地理变化等的影响，长年兴役、整饬运河便显得十分迫切。因长江束狭，朝廷一方面在今扬州三汊河至瓜州镇之间开凿伊娄河，为山阳渎新于运口，另一方面，基于山阳渎入口更易缩短的运道，又于常州至润州间开掘了两条新运道：一是常州经丹阳至润州京口，接瓜州、山阳渎新口；一由常州孟渎出长江，溯水直上而不再绕经丹阳段。同时，也疏浚和整治了自吴江城北、平望至秀水县（今属嘉兴）王江泾的"吴江塘路"，开凿苏州齐门至常熟的元和塘。由于近杭州湾的海潮常顺沿钱塘江回溯和倒灌，同时夹带泥沙，致使其时宫淤塞河道、影响漕运，河水的污染使居民饮水质量难以得到保障，遂有刺史李泌、白居易先后修六井之举，既保证了杭州城的生活用水之需，又解决了漕运水源供应的繁难。白氏还疏浚了西湖，筑堤导引西湖之水北由杭州余杭门外输入运河，丰水力、灌田亩，一举两得。

除了北段镇江、丹阳时常淤浅、水力微

[1]
陈璧显. 中国大运河史［M］. 北京：中华书局, 2001：31.

[2]
［西汉］司马迁. 史记（卷一二九）·货殖列传.

弱外，平素仰给太湖水源、水量丰沛的苏、锡、常区段也难免有盈枯之忧。例如在清乾隆五十年（1785）的秋季，江南干旱，太湖蓄水锐减，运河浅涸，无锡至阳湖交界处的五牧、洛社一带缺水尤盛，遂于丹徒、阳湖、武进、无锡、金匮等县境对运河展开浚深工程。他如练湖、氿、洮诸水，凡有干支可通者均引疏应急，"应挑引入运者俱统筹办理"[1]。

以政治中心为运河枢纽的格局，决定了包括江南运河航线在内的变迁及前景。宋室南渡后形成以临安为中心发散的网格，时主干航线变化的内因要素仍在于水力的丰枯、地形的制约和空间距离的长短。一如上述所交代的那样，运河总体上虽处于江河湖汊之间，但是各区域分布却并不均衡：运河高段的冈垄区段在秋季至春季四月间的长江枯水季节，水量歉乏，为更好地利用江水，亦曾数次改变运河的入江口和水门——如镇江所辖的丹徒口、谏壁口、甘露口、小京口、大京口等就是不同时期尝试利用江潮内灌之便、确保水源充足和航运畅通所践行的工程实例及其遗迹。与之近似的杭州茅山河——南宋时曾是连接城内外主要的漕运河道，但从望仙桥到都亭驿的这一段，地势比较高峻，漕船过境困难重重。于是在望仙桥城外保安牐坝，竹车门河南开凿水道，用车戽运水法输入保安门以通流入城。至此，临安城内已拥有盐桥河、市河、清湖河、茅山河等纵横四条河道，河网丰富，设施完善，漕运也开始逐渐臻于高值。

南宋运河的显著变化和发展，还在于开凿和贯通了多条航道：一度改由江阴五泻堰迄至长江，船艘改道溯江至镇江及瓜州；自平望至杭州的航道开始分作东、西两条航线——东面航线为自平望、王江泾、经乌镇、石门、崇福、长安、余杭等市镇至杭州。西线则由平望肇始，经震泽、南浔，绕湖州菱湖、双林、新市入杭州。其中，东道之水浓毛太湖、钱塘江和西湖，西线水源则源于太湖、苕溪和西湖。除了以江南运河为干流之外，临安还与湖州的下塘运河，与海宁、海盐的运河，与华亭（今属上海）经嘉兴的秀州塘，以及与绍兴、宁波等地的浙东运河相连，并通过钱塘江、富春江和新安江，与上游的金华、建德、衢州和安徽的歙、宣州等地相连和贯通，形成了四通八达的水运网络。

自朱棣迁都北京后，大运河复改为以大都为中心。运河线路虽多蹈循宋元故道，但变化也十分明显。据《明史》载，时河道为：

> 自杭州北亭务至谢村北，为十二里洋，为塘栖，德清之水入之。逾北陆桥入崇德界，过松老抵高新桥，海盐支河通之。绕崇德城南，转东北，至小高阳桥东，过石门塘，折而东，为王湾。至皂林，水深者及丈。过永新，入秀水界，逾陡门镇，北为

[1]
姚汉源.京杭运河史［M］.北京：水利水电出版社，1998：383.

分乡铺，稍东为绣塔。北由嘉兴城西转而北，出杉青三闸，至王江泾镇，松江运艘自东来会之。北为平望驿，东通莺脰湖，湖州运艘自西出新兴桥会之。北至松陵驿，由吴江至三里桥，北有震泽，南有黄天荡，水势澎湃，夹浦桥屡建。北往苏州城东鲇鱼口，水由甃塘入之。北至枫桥，由射渎经浒墅关，过白鹤铺，长洲、无锡两邑之界也。锡山驿水仅浮瓦砾。过黄埠，至洛社桥，江阴九里河之水通之。西北为常州，漕河旧贯城，入东水门，由西水门出。……江阴，顺塘河水由城东通丁堰，……又西，直渎（疑孟渎）水入之，又西为奔牛、吕城二闸，常、镇界其中，皆有月河以佐节宣，后并废。其南为金坛河，溧阳、高淳之水出焉。丹阳南二十里为陵口，北二十五里为黄泥坝，旧皆置闸。练湖水高漕河数丈，……北过丹徒镇有猪婆滩，多软沙。丹陡以上运道，视江潮为盈涸。过镇江，出京口闸，闸外沙堵延袤二十丈，可藏舟避风，由此浮于江，与瓜步对。"[1]

从上述记载看，斯时主航道自杭州至塘栖后，自崇德、王江泾到平望，原长安、崇德一线（东线）看来已成为辅道，而从平望经松陵镇、枫桥、浒墅关、常州、奔牛和吕城直至京口一线，则大致如初。有清一代，运河航道总体较为稳定，自镇江、丹阳、常州、无锡和苏州段一如以往，唯自平望后水道更分为三路，名曰东、中、西三条河道，是为运河史上线路最多的时期：东线指的是平望、盛泽、王江泾、乌镇、石门、嘉兴、长安、临平，循上塘河至武林水门；中线为平望、盛泽、王江泾、乌镇、嘉兴、石门、塘栖、武林门；西线自平望、震泽，一路沿顿塘西行，经南浔、湖州，南折德清、新市，直至塘栖、杭州。杭州城北运河段自武林水门与城内河道相接，南出凤山水门与龙山河（茅山河）相接，自北而南汇入钱塘江。

江南运河凭借与各地多条水道相通、水上通航便利的优长，沿运城乡的交通发展迅速。据徽商黄汴编纂的《一统路程图记》（又名《天下水陆路程》）八卷所列的144条水陆路程中，详尽记载了南北二京十三布政司的水陆路程、道路的起讫分合，涉及食宿、物产、行情、治安、行会、船桥价格等。用黄氏自己的话说，就是"宦游之所迳，商泊之所趋，访履之所涉，庶此编为之旌导也"。我们不妨来看看卷一，即北京至杭州段沿线的水路、驿站及其里程：

北京会司馆七十里至固节驿（良乡县）。六十里涿州涿鹿驿……十五里江东驿（属应天府）。三十五里龙江驿。十里南京应天府（上元县。江宁县下水）。九十里龙潭驿。一百十里镇江府（丹徒县）京口驿。九十里云阳驿（丹阳县）。五十里吕城驿（今革）。六十里常州府（武进县）毗陵驿。九十里锡

[1]〔清〕张廷玉.明史（卷八六）·运河下·海运.

山驿（无锡县）。九十里苏州府（长洲县、吴县）姑苏驿。四十五里松陵驿（吴江县）。四十里平望驿（属吴江县。西去湖州）。南六十里嘉兴府（嘉兴县、秀水县）西水驿。（东百二十里至松江府）。南八十里皂林驿（今迁崇德县）。一百里北新关。十五里至浙江布政司杭州（仁和县、钱塘县）北关门武林驿。三十里江口浙江水驿。[1]

黄氏所纂的此条自京迄杭的水道经过了今河北、山东、安徽、江苏和浙江，可能考虑到应天府（南京）的重要性，故弃淮阴、高邮、扬州、瓜州一直线，转而取道安徽凤阳、定远和滁州迄至南京。不过自镇江京口后，其道一如既往，即经常、锡、苏、嘉诸城，直至北新关、武林门。由此，我们不难看到以下两点：一是历史上北京至杭州的大运河水道并非我们现在所熟知的自京、津、冀、鲁、苏、浙这条唯一一运道，而是多条水道相通，可以按需抉择。二是支线或分叉方向交代得十分清楚，比如平望驿处尚有"西去湖州"、嘉兴处尚有"东百二十里至松江府"等，这也进一步证明了与其说大运河是一条南北向的水上运输动脉，毋宁说大运河更像是一条宛如枝丫状的运河交通体系——主干和支流形成的这个密密匝匝的枝丫体系，可以延展、转输和联通至更多的相关水驿、河道及其城市和乡镇。如果结合卷三之二十八条、卷七之四条、五条、六条、三十五条[2]等相关信息分析，则似可愈加确信明代大运河航道网络的健全和发达。

  在以自然经济为主导的社会中，水运航行无疑是最重要的交通出行方式。生活生产资料需要借助其往来城乡之间，商品和贸易也需要通过水路通达。在南船北马的南方，举凡游历、商贸、交往，大抵均需坐船航行。

南宋杨万里知常州官、以秘书监为金使接伴使等职，频繁往返于运河沿线。淳熙六年（1179）春，诗人自常州任内回江西故里的途中思归而作——自常州、无锡、苏州一路往南，《夜泊平望终夕不寐》、《过平望》等便是。其他尚有《过八尺遇雨》、《舟泊吴江》（三首）、《过莺脰湖》、《船过苏州》（二首）、《将近许市望见虎丘》、《舟过望亭》（三首）、《过望亭》（六首）、《夜过五牧》、《午过横林回望惠山》（二首）、《晚过常州》、《再过常州》、《晓过丹阳馆》、《晓过丹阳县》（五首）、《暮经新丰市望远山》、《小泊新丰市》、《过奔牛闸》、《过吕城闸》、《练湖放闸》（二首）……在看似缓慢行驶的船舱中，尤其是漫漫长夜里，航船中的世貌风情便成了人间的小乾坤。一些士人也将目光聚焦在了航船上，如歙县人方回在南来北往的仕途中曾撰有《听航船歌》（十首），更与晚明山阴人张岱写的《夜航船》。

在运河的开掘、疏浚、整饬和管理的历史征程中，历代黎民百姓尤其是沿运和流域的人群付出了巨大的代价。唐天宝六年（747）诗仙李白途经丹阳横山，目睹众役工开凿、疏浚的艰辛劳作场面，遂以乐府《丁督护歌》曲名入

[1]
[明]黄汴.天下水陆路程[M].杨正泰，校注.太原：山西人民出版社，1992：1—2.

[2]
例如卷七之五条"杭州府官塘至镇江府水"部分就与上述有所不同，请看："钱塘江口、万松岭、凤山门、朝天门、吴山共二十里，……东五里至濮院。北二十里嘉兴府。东去松江百二十里。北五十里杉青闸。三十里王江泾。三十里平望。西去湖州府。北二十里八尺。二十里吴江县。……二十七里无锡县。十里至惠山第二泉。北十里高桥。出夏港，十五里洛社。二十里横林。三十五里常州府。十五里洞子河。十五里奔牛。出孟河，七十里至江口。……"（同上：203—204.）此处由奔牛北折向孟河，复转吕城，而非西向吕城，说明由于水位落差，水源供给和河道改造等影响，其线路多条可供选择。又如卷七之六条"杭州逾苏烂溪至常州府水"，走的是从六和塔、凤山门始，经长安坝、崇德、石门、乌镇、平望、吴江、阊门、虎丘、浒墅关、望亭、无锡，转而折向北缘的江阴县，又经三十里至石堰、二十里镇渡桥，三十里至常州府。这条与上述又有所不同。（同上：205.）至于江南运河的支流，更是线路多多。如卷七之三十五条"杭州府至上海县水"：从江头出发，经长安坝、崇德、石门、皂林、嘉兴、至平湖、嘉善县、至枫泾（今属上海金山区）、七宝（今属上海闵行区）、上海县（今上海闵行区）。（同上：239.）

诗，表达了其关注民众疾苦的情怀：

> 云阳上征去，两岸饶商贾。吴牛喘月时，拖船一何苦。
> 水浊不可饮，壶浆半成土。一唱督护歌，心催泪如雨。
> 万人凿盘石，无由达江浒。君看石芒砀，掩泪悲千古。[1]

开河民工的疾苦和悲惨遭遇，在明代谢肇淛的《南旺挑河行》中叙说得更为清晰，令人唏嘘不已。

水力丰枯对沿运农夫百姓的生计稼穑休戚相关，也引起了各级官吏的重视。南宋常州府刘宰生于丹金溧漕河畔的金坛城，对常州吕城至丹阳段高亢地势、水源匮乏的运河情形十分熟悉，虽经历代兴闸建坝、设置涵管等水工设施以涸蓄，情形有所向好，然每遇旱潦之年，通航与灌溉之间仍旧矛盾迭出。其作《运河行》，对水工的兴废和损益阐发了自己的呼声和评议，对潦水伤田、干旱绝收的农事牵挂于心头。好在全诗文辞通畅，兹选录数句：

> ……
> 民田为私河则公，献言幕府宁非忠。
> 我闻此言为民说，急趋上令毋中辍。
> 小民再拜为我言，函管由来几百年。
> 大者用钱且十万，小者半此工非坚。
> 厥初铢积费民力，厥后世世期相传。

岂但旱时须灌溉，亦忧久潦水伤田。
向来久旱河流绝，放水练湖忧水泄。
州家有令塞函管，函管虽存谁复决。
小须雨泽又流通，函管犹存不费工。
只今掘进谁敢计，但恐民田从此废。
丰年馀水泛江湖，涓滴不为农亩利。
有时骤雨浸民田，水不通流禾尽死。[2]
……

在运河开掘和整饬的沧桑岁月中，先后涌现了一大批卓越的治水臣工：白居易，职苏州刺史一年后修筑七里山塘，长庆初年（821）任刺史杭州，浚西湖、筑堤塘；苏轼，一度临安通判，一度知州，二任于西子湖畔，一任吴兴（今湖州）太守。在此的三度任职中，兴修水利，造福桑梓。北宋景祐元年（1034），知苏州的范仲淹也兴工举役，开太仓茜泾等五大浦，凿刘河（浏河）潴漕塘，以通娄江。

除了耳熟能详的名人外，尚有众多治水高手，对沿运河道闸堰作出了突出的贡献。治水名臣任仁发生于南宋宝祐三年（1255），世居青龙镇，擅丹青，任职都水少监。时长江泥沙淤

---

[1]
一千余年后，清帝弘历于壬午年间（1762）南巡途经丹阳运河，作《反李白丁都护歌》诗，以证开河通漕之必需。诗云："我歌丁部护，却匪歌丁唏。举人思其地，昔曾闻东府。齐浣移漕路，水浅丹阳上。凿石牛曳舟，李白歌其苦。长此奚到今，以今可知古。岂无疏浚方，天工在人补。轮年大小修，来往通商贾。设如青莲言，漕米齐安取。即事识所怀，呜榔达江浒。"

---

[2]
宋诗钞（卷九二）·运河行.文渊阁四库全书本.

积,古代上海的海岸线东移不止,太湖主要泻水通道吴淞江及其支流日益淤浅。故任氏数次建议疏浚吴淞江,提出了颇富远见卓识的治水方案:"今下源沙高水浅,不甚湍急,若及早开浚,工费省而易为力。数年之后,愈久愈埋,工费倍而难为功,所当预为之图也。""治水之法,须识潮水之背顺,地势之高低,沙泥之聚散,溢口之缓急,寻源溯流,各得其当,合开者开,合闭者闭,合堤防者堤防,庶不徒劳民力,而民享无穷之利。"[1] 他不仅学识俱佳,而且富有丰富的实践经验。为浚吴淞江、大盈江和乌泥泾,任氏开江置闸,虽未能确保青龙镇港口优势的延续,然其治水的实践和功绩在水利史和江南运河史上树立了一座丰碑[2]。永乐初太仓州的刘家港海溢泛滥、潮沙淤积港口。户部尚书夏原吉取"制松入刘"案,大浚刘家河。拓浚时,"命役夫用木排做垫脚,使吊盘取泥,百倍艰辛。"工程竣工后,"海潮奔涌,洪波壮阔"——为成就刘家港成为大港和远洋航海基地奠定了基础,也为嗣后郑和下西洋铺垫了基础。

四、漕运和管理

如果说早期江南诸干支河道开掘和贯通的着眼点在于军事和政治、泄洪和农业灌溉等方面的话,那么,自隋唐起,漕运便成为朝廷开凿和疏浚运河的主要动因。漕运是中国古代历史上的一项经济制度,就是通过水道运输公粮,故也称漕粮。狭义上讲,仅指输江南之粮迄至都城者。据《贞观政要·辩兴亡》载,文帝末年,"天下储积,得供五六十年"。大量江淮、江南地区的物资源源不断地运至关中和东都(今洛阳），巩固了隋朝的基业。唐代因袭隋朝，治河的要旨仍在于粮食和物资由两江运至关中北方，一是补其匮乏，二是靠足北方军粮民食之需。两宋运输中心格局的重大变化是，北宋以汴京为中心，南宋以杭州为枢纽，俱以运河维系国运。尤其是偏安江南达一百五十余年之久的南宋政权，一赖富足的江南物产和经济，以及闽、赣、巴、蜀、黔、湘、粤等南方宽阔的纵深腹地，二赖运河、钱塘江和长江上的物资、钱粮等物流及人流运输之便，三赖纵横交错的水网低地这一独特的地理屏障——金骑虽广众且骁勇，但难于驰骋于河湖水网地带。

由此，也很难想象。南宋政权若无运河这一生命线和大动脉，何以能偏安江南达百余年之久？对此，海外研究者多有宏论。其中，日本学者池田静夫的分析可谓切中肯綮：

……从唐帝国以后，可以毫不夸张地说，帝国自身的生命和权威都是依存于水路上的。从而，控制水路也就是控制了帝国，从这样的角度来看，杭州又比南京更有优势。因此，南宋王朝就是充分认识到杭州

[1]

青浦水利志［M］.北京：方志出版社，2006：402.

[2]

任仁发当年主持修建的、位于现上海普陀区延长西路的志丹苑水闸遗址，精心设计，结构严谨，所用石、木、铁质材料等均经过精挑细选，且做工十分考究，是迄今为止我国保存最完好的元代水闸遗址，具有重要的科学价值，被评为2006年度中国十大考古发现。江河千古，沧海桑田，任仁发对吴淞江的治理无法改变其束狭的自然变迁，也无法挽回青龙港衰退的局势和命运。历史上吴淞江淤而复疏、浚而复淤，如此循环往复，吴淞江下游至入海口逐渐形成平陆，汇成窄窄的细流。直至变主为辅，反过来成为黄浦江的一条支流。海舶也不能回溯驶进青龙港，部分船艘只能停泊于距海更近的上海浦一带.

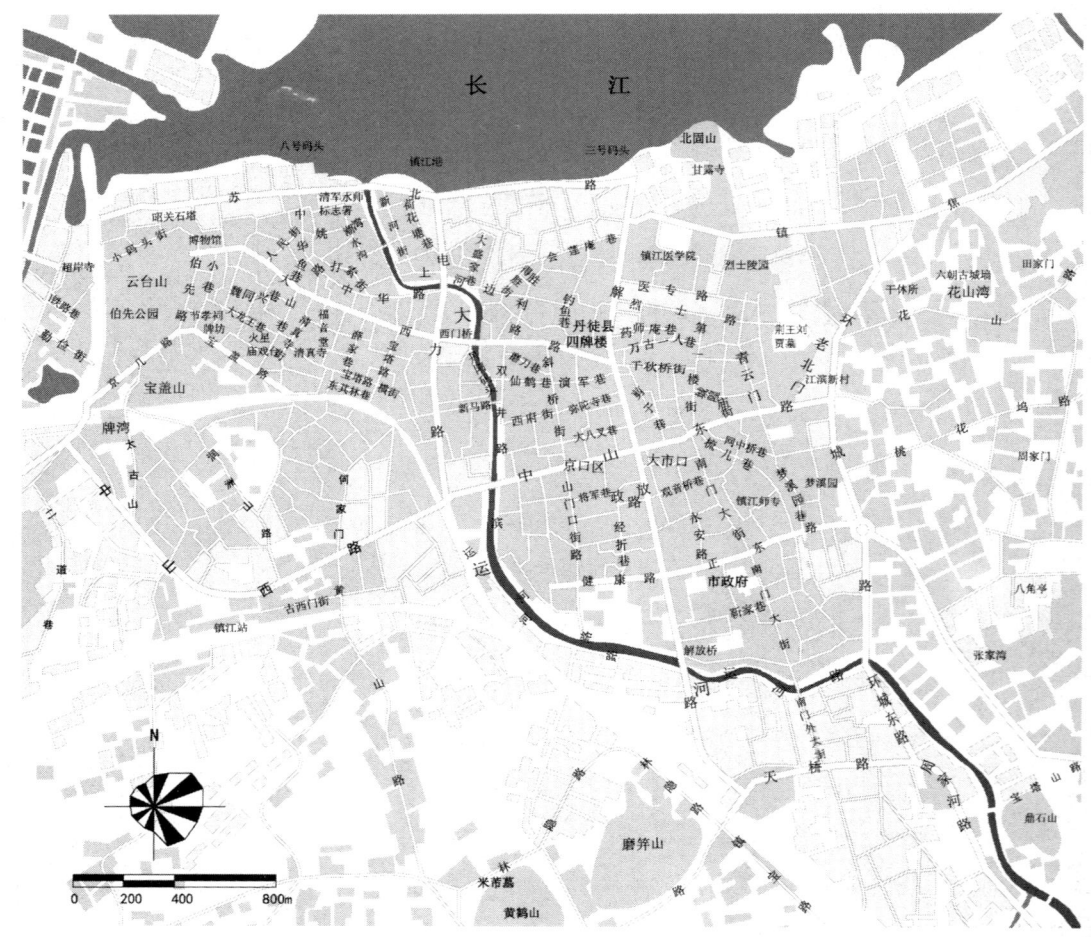

镇江市区及运河地图

本身所具有的地位。并利用其地之利而顺利地经营帝国的事业。建立在现实主义的立场上，将杭州定为首都。在南宋时期，杭州作为江南帝国首都的地位才实至名归，而这种情况一直持续了一百五十年左右，直至南宋灭亡。因而，杭州作为中国近世文化摇篮的地位，也正是在这个时期所育成的。[1]

元蒙是大运河历史上继隋代之后最重要的转折期。通过运河从全国各地转输至大都城的粮食和物资不计其数——漕运的粮食占运粮总数额的百分之九十五！明清时北运的粮食和物资也是有增无减。有明一代，广大南方地区惟有苏州、松江、常州、嘉兴和湖州五府民运白粮输运京师。颇有意味的是，沉重赋税、北运粮食与水利及水运条件之间的关联亦甚为密切：苏、松、常、镇四府中以苏州水系最丰，水道最多，赋税也最重。松江水系和水道次于苏州，但好于常州，故赋税次于苏、高于常。镇江田多瘠硗，水系、水道最弱，故赋税名列四府最后[2]。这些实际上体现了中央政府对江南税粮独重和分别对待的策略。永乐朝为保证

[1] ［日］池田静夫.中国水利地理史研究// 陈述.杭州运河历史研究［M］.杭州：杭州出版社，2006：368—369.

[2] 清初上海人叶梦珠曰："吾乡赋税，甲于天下。苏州一府，赢于浙江全省；松属地方，抵苏十分之三，而赋税乃半于苏，则是江南之赋税，莫重于苏、松，而松为尤甚矣。"（叶梦珠.阅世编（卷六）·赋税.）

漕粮和物资的安全北输，逐渐形成了一套漕运制度。例如明初时漕粮运输尚无定额，永乐年间多时可达 460 万石。然至成化八年（1472），开始勘定数额，粮储 400 万石。其中，南直隶、浙江、江西、湖广等地的"南粮"为 324.44 万石[1]……

明代漕粮征收面对的是地方诸省府及州县，有漕诸省均设相关漕政官制，与朝廷漕运管理机构呼应和对接。地方的督粮道系常设机构，道员出任，职责是总理通省粮储，协助巡抚管理本省漕粮征收和起运。为防止弊政，朝廷特别设置巡漕御史负责监察河道、漕运二司的吏治，此职在明中后期多由锦衣卫太监担纲。概而言之，漕运管理中漕司、河道与地方，构成了漕运中征收、起运等既相互制约而又相对独立的管理体系。在《明史·食货志》中，对三者的职、权、责概括为："米不备，军卫船不备，过淮误期者，责在巡抚。米具船备，不即验收，非河梗而压帮停泊，过洪误期因而漂冻者，责在漕司。船粮依限，河渠淤浅，疏浚无法，闸坐启闭失时，不得过洪抵湾者，责在河道。"漕粮运输的管理在后期逐渐趋于细密化，先后颁布和制定了一系列的条例法规，包括定漕粮开仓和兑运时限、定漕船行程和时限、定漕船修造和容载等。定运军随带土宜、定漕粮漂流损失处罚、漕粮挂欠处罚、民运白粮漕规和其他漕运禁令等。清嘉庆二十五年（1820），清廷严厉申禁河务积弊，缘由是诸河工官宦既不能审大势规划久远，又好贪小功贻害目前。故治河工程完竣之日，就多有塌淤之事，辗转之间，糜金无算。妄用帑银，弊窦丛生。清廷的整治措施是：支用河银，严加勘验，禁绝浮费，有弊立参；汛期河堤，昼夜守防，如有懈弛，严加惩办；岁办物料，认真经理；河滨植柳，以护堤岸；修堤夯硪，如式坚筑；照法验收，务期坚固。

漕运制的实行对保障京师朝廷、巩固国家一统等起到了关键的作用，促进了商品的流传和人员的交流，以及运河地区商品经济的发展。但对纳粮者而言，不啻加重了经济和劳役负担。交纳"白粮"的苏、松、常、嘉、湖五府农民，既要承负沉重的漕粮负担，又须担责运漕之务，且"劳费于正粮数倍"[2]。加之诸如"运军之欺凌，洪闸之守候，入京入仓，厥弊百出。嘉靖初，民运尚有保全之家，十年后无不破矣"[3]。可谓苦不堪言，一直延续至清。虽然也曾试图节俭成本，提高效率。如明天顺朝南城县知县上疏曰："臣以考满来京，见马快等船所载官物少而私货多，甚至夹带商旅，以规厚利，沿河索军卫有司挽夫以千百计，稍有稽缓，辄加答辱。丁夫到舟，受诸棰楚，质其衣鞋而役使者有之，要其钱米而纵放者有之，忍视其饥寒至于僵殍而不恤者亦有之。乞敕今后每舟令载官物若干，著为定式，不许擅带私货及客商人等。仍将真舟会数，分定班次，如差前次舟，即拨后次舟，所编军夫一半助驾。沿

[1]
明会典（卷27）·会计三·漕运；明史·食货志。据明徐复祚编《花当阁丛谈》卷一，"赋法"条中曰，苏州府共1州7县，岁征额粮270万石，带耗共税粮350万石；而淮安府2州9县，岁征额粮仅36万石。松江府仅3县，岁粮高达120万石，与北直隶八府18州117县岁粮一样，也同为120万石。江南税粮之多，南粮北运之重，可谓一目了然。

[2]
[清]古今图书集成.食货典（卷一七五）·明朝漕运.

[3]
[清]张廷玉.明史（卷七九）·食货志三.

河亦酌定每舟一只，贴助挽夫若干，馀外不许多索。至差后舟亦然。"[1] 由此亦可见，沿运管理部分中饱私囊，苛敛勒索，积弊之深，庶几已成贪腐之机构。简而言之，运费昂贵、徭役过重、征发人众等厥弊，已不敷京师、北粮之需。胡燏棻在光绪二十一年（1895）的《变法自经疏》中一针见血地指出："南漕自催科征途，督运验收，经时五六月，行路数千里，竭百姓无数之脂膏，聚胥吏无数之蟊贼，耗国家无数之开销，运至京仓，至每石之值，通扯或十两或五六两不等，而其归宿为易银一两之用，此实绝大漏卮。徒以冗官蠹吏，中饱所在，积习不改，此真可为长太息者也。"[2]

如此，也成为嗣后废止河漕、改为海运的一个重要因素。昔时，除了官府漕运外，也不乏颇为兴盛的民间商品货物的运输。从清雍正年间杭州织造业北关监督许梦闳主持修纂的《北新关志》中，可以一窥斯时杭州城北新关进出货物的类别，以及江南运河货物流通的繁忙及其经济发展的相互关联。卷十三《税则》中共罗列了十七大类，包括缎绫罗纱布匹类、丝线花麻类、毡货毛毯类、衣帽靴鞋皮袄类、草席棕荐类、干果食物类、青果姜笋类、颜料胶漆类、铜铁铅锡类、花白瓷器类、土钵砖瓦类、纸笞锡箔扇画类、猪羊腌腊类和杂色皮张类、药材珀玉器类以及什物家伙杂货等，包罗万象。

五、南北交融和东西联动

基于黄河流域连续的兵燹和板荡、江南一带相对平稳的态势，这里无疑成为中原人群在永嘉丧乱、唐末和宋代等不同历史时期迁徙至此的动因和目的地的拉力。东晋大批士大夫衣冠南渡、唐末和南宋北地移民的持续南徙，使得包括江南在内的南方广大地区获得了快速发展的契机，并逐渐成为全国的经济和文化的中心区域。田土膏腴、河湖纵横的江南大地，千百年来得到持续、合理的开发和发展以及较为和谐的人地关系，较少兵燹的地理环境、优越的生态和自然条件，和宜居环境的诸多优长，吸引了众多外来群体和移民，南北人群的融合、文化的交融、观念的碰撞等，又都反映在生活习俗、语言、建筑风格等各个方面。

京口，位处东西向长江和南北运河的十字交汇处，东西南北的水运交通要津，移民南徙的前沿地带。早在三国两晋时代就成为重要的战略要地，这在定都建康的东晋、南朝时期尤为明显。东晋南朝时南方相对安定，从宗教方面看，因南朝统治者大都信仰佛教，梁武帝竭力抬高佛教地位，还广修佛寺，时京口建有泽心寺，梁武帝时更设水陆道场。文学上，南北朝时期的吴歌也大都保留在《乐府诗集》和

[1]
［明］余继登.典故纪闻［M］.顾思，点校.中华书局，1981：235.

[2]
左治生.中国财政历史资料选编（第十辑）［M］.北京：中国财政经济出版社，1988：577.

《清商辞曲》中。产生于南徐（今镇江）的《华山畿》民歌，表现了对封建礼教的反抗和争取婚姻自由的强烈愿望。由刘勰（约465—约521年）撰写的《文心雕龙》，概括了自先秦到晋、刘宋一千多年间的文学概况，评论作家200多位，总结文体达35种之多，对文学创作、批评、文学的特点和规律等问题提出了独创性的精辟见解，是中国文学理论批评史上第一部具有严密体系的文学理论的专著。刘宋时徐州人刘义庆（403—444）迁居镇江后编纂的《世说新语》，记叙了从汉末到东晋120多位清谈家的言谈和轶事，涉及政治、经济、思想、文化、宗教、风尚、习俗等众多方面，尤其是汉末迄东晋间的百余位人物，实开后世笔记小说的先声。徐陵（507—583）编写的艳歌总集《玉台新咏》，收录了自东周到南朝梁代末咏妇女的诗歌769篇。这是一部继《诗经》、《楚辞》之后出现的具有代表性的诗歌总集，保存了《孔雀东南飞》、《木兰诗》、《陌上桑》、《弃妇诗》、《七夕诗》等众多珍贵的文学史料，从中不啻可以更清晰、更完整地知晓和认识古代妇女的社会生活、生产状况以及士人对妇女的态度及心理等。

还有萧统（501—531）编纂、后世称为《昭明文选》的诸代各家的文章，粲然可观。此时，科学上的重大突破是数学家祖冲之（429—500）计算出了圆周率。据《隋书·律历志》载："古之九数，圆周率三，圆径律一，其术疏舛。自刘歆、张衡、刘徽、王蕃、皮延宗之徒，各设新率，未臻折衷。宋末，南徐州（今镇江）从事史祖冲之，更开密法，以圆径一亿为一丈，圆周盈数三丈一尺四寸一分五厘九毫二秒七忽，朒数三丈一尺四寸一分五厘九毫二秒六忽，正数在盈朒二数之间。密率：圆径一百一十三，圆周三百五十五。约率：圆径七，周二十二。"[1] 从这段记载中我们知道，祖氏在刘徽割圆术的基础上"更开密法"，"以圆径一亿为丈"，即由 10^8——9 位数开始计算，算出圆周率的过剩近似值和不足近似值为 8 位有效数字，即：$3.141\ 592\ 6 < \pi < 3.141\ 592\ 7$。

宋室南渡以后这一阶段对运河的开凿、疏浚、治理、航运及其经营最为显著，首都与运河盛衰一体的格局已然形成。南宋嘉定六年（1213）臣僚在述及长江粮谷物资东输时所云可谓切中肯綮："国家驻跸钱塘，纲运粮饷仰给诸道，所系不轻。水运之程，自大江而下，至镇江则入闸，经行运河，如履平地。川、广巨舰，直抵都下，盖甚便也。"[2] 文中的大江，指的就是长江。另一方面，杭州的城市建设、规模、商业贸易得到亘古未有的发展，"盖因南渡以来，杭为行都二百余年，户口蕃盛，商贾买卖者十倍于昔，往来辐辏非他郡比也"[3]。以至于《题临安邸》一诗的作者林升有感于南宋苟安江南、而无收复中原之意，遂从写景入手，向世人展现了一幅

[1]
［唐］魏徵.隋书（卷一六）·志第十一·律历上.

[2]
［元］脱脱.宋史（卷九七）·志第五十·河渠化.

[3]
［南宋］吴自牧.梦粱录（卷一三）·两赤县市镇.

歌舞升平的繁华图卷："山外青山楼外楼，西湖歌舞几时休？暖风熏得游人醉，直把杭州作汴州。"次句以问句出之，含蓄而有力，其主旨虽在承上之意的后两句，结句将杭、汴并举，令人警醒，但其侧面毕竟也透露了昔时首都的繁盛。

无论是北面的镇江，居中的常州、无锡、苏州、松江，还是南缘的杭州、嘉兴、湖州，运河城乡虽然都同属于吴文化的区域，在地理格局和空间范围中处于江南的核心地带，但各地的语言却并不一致，有些区别还很明显，分属于不同的语系（语支）。大致说来，常州、无锡、苏州、上海、嘉兴、湖州和杭州属吴语范畴，北端镇江官话成分比重较明显——在中国汉藏语系·汉语言中的七大方言中，镇江及周边的南京、扬州、泰州以及镇江所属的扬中、丹徒、句容等地的语言，大抵为官话语中的江淮语支，杭州中心城区通行的语言，则以吴语为主、北方官话为辅的结合体——迄今，杭州话中还保留着众多北方暨开封地区的语音和字句。

众所周知，语言的演化与人口变迁有着密切的联系，也涉及移民数量的多少、迁徙过程的长短、距离的远近，以及原居地、新居地和原住民等因素。其中，既有移民方言的变异，也有土著方言所受到的影响。例如，镇江最初通行和使用的是吴方言[1]，然自永嘉丧乱后，大批移民南渡进入且数量超过了土著。由于北方移民在人口、政治、经济等方面的优势，官话也便逐渐取代了镇江的吴语。《颜氏家训·音辞篇》云："易服而与之谈，南方士庶，数言可辨，隔桓而听其语，北方朝野，终日难分。"[2] 这是说南方士族说北方话，庶人说吴语，所以"数言可辨"；而北方的官民均使用北方话，故"终日难分"——从中也可以获知，当时在南朝做官的大多是说北方官话的北方人。语言的关挨代表了一种文化、习俗和使用者的心理结构。同理，不同语言区的建筑也反映了其不同的特色和风格，属江淮语支的镇江民居建筑，与东向的苏、锡、常等吴语区域在建筑形制、风格特征等方面的差异就颇为明显，而与隔江的扬州、泰州等地却十分接近。

除了南北交融之外，处于长江下游的江南与上、中游的巴蜀荆楚等区域的联系也十分密切，人员往来频繁，仅宋代就有苏舜卿、文与可、苏轼、苏辙等顺流而下至江南，范成大、陆游等江南士子西至巴蜀。四川眉山人苏轼（1037—1101）熙宁四年（1071）任职杭州，途经镇江金山寺，见到流经家乡的长江一路向东经此，昼夜不息奔流入海，不禁以"我家江水初发源，宦游直送江入海"的诗句，将自己的万里征程、半生沧桑一笔勾勒，最后以江神起誓"有田不归如江水"作结语，表达了诗人对官场的厌倦和希冀买田归隐的心情[3]。

自古以来，长江就是物资运输、商品流通的黄金通道，上溯贵州的楠木，"大者既备官家之采，其小者土商用以开板造船，载负至吴

[1]
据《晋书·乐志》称："自永嘉渡江之后，下及梁、陈，咸都建业，吴声歌曲起于此也"。可见吴声歌曲产生于建业（今南京）一带。至于产生的年代，《晋书·乐志》说到："吴歌杂曲，并出江南。东晋已来稍有增广。"这段记载说明吴歌在东晋前业已产生，嗣后又有了进一步的流传和发展。

[2]
[南北朝]颜之推.颜氏家训[M].广州：广州出版社，2001：252.

[3]
[北宋]苏轼.游金山寺.

镇江市西津渡街五十三坡昭关石塔

中则拆船卖板，吴人拆取以为他物料。力坚理腻，质轻性爽，不涩斧斤。最宜磨琢，故近日吴中器具皆用之"[1]。中上游地区不仅仅是输入生活和生产资料，其时胡广、赣皖地区的商品也开始大量流入江南[2]。江南的绫绸则远销至四川，松江所产的标布也已在长江中游的市场上崭露头角。随着长江航运的进一步拓展，清代出现了四川粮米顺流而下、江南棉布溯流而上的以"川米易苏布"为主要内容的商品对流。无锡虽长期为常州府辖的一县，但因便利的水运条件，曾一跃而为长江"四大米市"之首，最多年运销量高达1 200万石之巨。名列中国十大商帮前茅的洞庭（苏州）商等长江下游诸商帮更是将经营的网络和重点分布在荆楚、湖湘、巴蜀和黔贵大地。洞庭商中的西山商贾的贸迁范围又主要集中在鄂湘两省，故唐寅在《阊门即事》一诗中吟诵曰：

门称阊阖与天通，台号姑苏旧帝宫。
银烛金钗楼上下，燕樯蜀柁水西东。
万方珍货街充集，四牡皇华日会同。
独怅要离一抔土，年年青草没城墉。[3]

[1] [明]王士性.广志绎[M].周振鹤点校.北京:中华书局,2006:289.

[2] [清]叶梦珠.阅世编（卷七）·食货.

[3] 宋戈.唐伯虎诗选[M].沈阳:辽宁大学出版社,1987:98.

诗中"燕樯蜀舵"道出了运河和长江南北与东西间水运的繁忙，使苏州得以"万方珍货街充集"。约而言之，明清江南的商品流通不仅在区域内相互贸易和流通，而且与全国各地区之间，甚至海外多地进行流通量更巨大的商业贸易活动——运河和长江这两条大动脉承担了贸易运输线路的主干，并以江南为始发地或目的地。

第二章

社会文化、物质遗产和风物

江南运河的贯通和运输，促进了包括南京、镇江、常州、无锡、苏州、松江、嘉兴、湖州、杭州等重要都市的兴盛和繁荣，形成了昆山、常熟、太仓、沙州（今张家港市）、丹阳、金坛、吴江、江阴、锡山、宜兴、长兴、武进、上海、嘉定、宝山、浦东、南汇、青浦、奉贤、金山、嘉善、桐乡、海宁、平湖、海盐、余杭、南浔、德清等县级行政中心城市的环境和规模，催生了数以千计商贸市镇的发育和形成，也造就了蔚为大观的物质遗产。在江南运河沿线和流域中，仅国家历史名城就有镇江、无锡、宜兴、苏州、常熟、上海、嘉兴、湖州和杭州9座，拙政园、网师园、环秀山庄、艺圃和退思园等苏州古典园林、杭州西湖等世界文化遗产，以及数以千计的全国重点文物保护单位……是实至名归的、物质类遗产数量最集中的区域之一。同时，沿运流域也是一条重要的线形遗产景观和通廊文化景观遗产带，一处拥有南宋《平江图》石碑、清代苏州《三横四直图碑》、杭州文澜阁、湖州嘉业堂典藏古籍善本等类数以万计、弥足宝重的记忆遗产的集中地区,堪称文献之邦。

本章遴选苏州古城、明清杭州东城、运河桥梁和近代蚕场建筑为题;回溯因河而生之城的滥觞和形成的梗概,梳理伴随风土、航运而生发的商品生产城乡之间的市场网络,和对内和海外贸易的盛况,以及因自然条件、水文地理的变化对包括青龙镇、浏河镇在内的盛衰变迁的影响。还就若干典型的公共建筑、宗教建筑、文教建筑、崇祀建筑和园林建筑予以读解,试图探究涵泳其间的工艺技术、风格特征、审美特色、智力支持及其底蕴。

所谓风物,六朝陶渊明在《游斜川》诗序中云:"天气澄和,风物闲美。"后人多徇字义,遂将风光作"风光"、"景物"解。迨唐宋时,风物又蕴涵了风俗和物产的内容,如《通典》、《太平御览》等类书无不将之列入"风物"的类别之中。由是,风物一词的外延繁复,指向不一。至明清愈加宽泛,举凡风光、景观、民俗、方言、物产、古迹、轶闻等,不一而足。现代毛泽东在《和柳亚子先生》一诗中以"牢骚太盛防肠断,风物长宜放眼量"句,泛指人的心态平和、视野宏阔以及器识大小,将其范畴进一步地拓宽了。本章中的风物,以历史古迹、文物典章为径,士大夫活动踪迹、咏物和生态环境为纬,抉隐钩沉,聚焦沿运著名的人、事、物,就其人居环境、生活形态、生活方式和文化生态等方面展开考察。在经济生产持续繁荣中,江南社会大概以嘉靖年间倭乱为界:以前人物阜蓄,人民生活安逸;之后战乱频仍,人心惶恐。不过借助其生产基础和人文条件,又很快得到了复兴。为防

苏州市吴中区木渎镇山塘街虹饮山房钟楼

止边界泛滥，拟择枫桥情结、京口山水、竹炉煮茗、庙会和虎丘花事等士俗风情等若干单元，予以简要的介绍。

一、沿运城镇的变迁和发展

运河的持续开凿和疏浚，使沿运城镇获得了发展和变革的契机。位于长江与运河十字交汇处的京口在两汉至南北朝时期发展之所以凸显，一在于作为建业（今南京）的屏藩——三国孙权迁都后仍于北设"京督"，南朝刘宋元嘉年间时城邑气象已成，是为控南拒北的经略要地，其势、其位一如宋代陈亮所言，是"连冈三面，而大江横陈，江旁极目千里，其势大略如虎之出穴"[1]。二在于转输——繁忙的水运交通和商业交易活动，使之成为对外交流的集散地。海晏承平时期，它是南北、东西航运的咽喉；一俟兵燹阶段，即为烽火前线。为抵御北方南侵的步伐，东晋闻鸡起舞的祖逖和南朝刘裕等咸以此为基地，以北府兵为基础，镇守要隘，数次北伐。南宋时又成为宋、金双方争夺的要地……

[1]［宋］陈亮. 戊申再上孝宗皇帝书 // 陈亮集［M］. 邓广铭, 点校. 北京: 中华书局, 1987: 17.

考古发掘表明，苏州城系在原址上屡建屡毁、屡圮屡修的一个奇迹——稳定的外部形态，城址未易的缘由和根本，很可能是河道水系起了决定性的作用——虽建毁频仍，但河道长存却是至为关键的——仅需稍加整治、疏浚后，即可初步恢复。城中的河道和水网不啻是民众生产生活的命脉所系，不会轻易迁移[1]。春秋时吴城已经形成一定规模，即所谓的"周四十七里二百一十步二尺。陆门八，其二有楼。水门八。南面十里四十二步五尺，西面七里百一十二步三尺，北面八里二百二十六步三尺，东面十一里七十九步一尺"[2]。据称伍子胥在构城之初，曾"相土尝水"、"象天法地"，做了大量水文、地质勘查的前期工作，建成了周长23.5公里的城池，并设水、陆城门各八座——陆门"以象天之八风"，水门"以法地之八卦"。隋代贯通运河后苏州城濠引用的就是运河之水——无论是东南的松江、嘉兴方向，还是西北端的常、镇、锡等城，扬帆而至城内最便捷的，就是阊门之码头。

曩昔白居易主持开凿的山塘河连阊门、接虎丘，用开河之土堆积上塘河岸——从最初桃柳成行的堤坝，到嗣后的山塘街坊，庶几就是运河开发的一个缩影。李绅、杜荀鹤的诗篇辞章从不同的视角，淋漓尽致地描绘了水城迷人的街巷景观和风貌意象，请读李氏《过吴门》：

烟水吴都郭，阊门架碧流。
绿杨深浅巷，青翰往来舟。
朱户千家室，丹楹百处楼。

依照宋代《平江图》碑所刻，彼时全城尚有水道十二纬、五经，长82公里，桥梁325座，与白居易所吟"绿浪东西南北水，红栏三百九十桥"的意向仿佛，清晰地表明齐整有序的城市规模和水陆并行的空间格局。

便利的交通，适宜的环境，致使人群麇集、远近悦来：隋代时苏州人口仅为一万八千户，至唐代元和时剧增至十万多户。杭州至唐盛世时人口也达到八万六千户，俨然而成"东南名郡"，"咽喉吴越，势雄江海"，"骈樯二十里，开肆三万室"[3]的都会。故白居易称："况当今国用多出江南，江南诸州，苏最为大，兵数不少，税额至多。"[4]范成大在《吴郡志》卷五十《杂志》中也说到："在唐时，苏之繁雄，固为浙右第一矣。"北宋时中原城市除汴梁外，其他城市的繁荣程度均不及南方——江南作为全国经济中心已然底定。

交通是商业发展的前提，两者是城市发展和繁荣的基础。隋唐后杭州成为名副其实的"五水共导"（钱塘江、大运河、西湖、入海口、西溪湿地）城市。凭着得天独厚的地理和水文优势，迅速成为"川泽沃衍，有海陆之饶，珍

[1]
董鉴泓.中国城市建设史[M].北京:中国建筑工业出版社,1989:68—72.

[2]
越绝书·越绝卷第二·越绝外传记吴地传第三.四部丛刊景明双柏堂本.

[3]
[唐]李华.杭州刺史厅壁记//全唐文（卷三一六）.嘉庆内府刻本.

[4]
[唐]白居易.苏州刺史谢上表//全唐文（卷六六六）.嘉庆内府刻本.

异所聚,故商贾并辏"[1]的商业都会。早在唐中期就已与吴郡(今苏州)、会稽(今绍兴)相埒,"水牵卉服,陆控山夷,骈樯二十里,开肆三万室"[2]。五代钱王在吴越国定都杭州后,着力于对包括运河等水道在内的整治,扩大罗城规模,引运入城——使其以港口城市的新面貌矗立于世。迄至北宋,运河已经成为联系城市内外货物流通和保障城市居民生活用品供应的重要交通渠道。南宋时人口与城市进一步发展,《梦粱录》中所述的"杭城大街,买卖昼夜不绝。夜交三四鼓,游人始稀;五鼓钟鸣,卖早市者又开店矣"[3]堪为一缩影。商业的繁荣,使得商税颇为可观。咸淳年间时,一度高达四十二万贯……[4]

明清是江南运河沿线城镇发展的鼎盛阶段。晚明苏城内纺织业中已出现拥有几十张织机的业主,并以"机杼起家",资本积至"百万金"。清代的苏州为仅次于北京的第二大城,"贸易之胜,甲于天下"。常州也发展为赋税的大府之一。清康熙十九年(1680),江南巡抚慕天颜在奏常州关于孟河建闸的奏折中云:"江南财赋甲于天下,苏、松、常、镇课额尤冠于江南。"有关这一点,美国林达·约翰逊在《帝国晚期的江南城市》一书所作的序中也有着相近的观察,诸国学者对长江下游苏州、杭州、上海和扬州等城市的研究,表达了这样的一个观点,即"江南在中华帝国晚期无疑是城市化最高的地区,而且在某些方面与帝国的其他区域存在很大的差别"[5]。这种差别,其实也是苏、松、锡、常、杭、嘉、湖等城市跻身城市化高等级地区的重要前提和基础,或如施坚雅所说的那样,江南拥有一个完整的城市发展体系,从低级的、不到百户人家的小市镇到拥有超过百万居民的大城市[6]。这里不但人口密集，而且运河体系以及河湖港汊便利的水运条件，为农村、农户和高一级的市场之间的直接联系提供了良好的运输和交往环境，况且市镇本身的工业、加工业和副业等的繁荣，也进一步冲破了城市对包括丝织技术等在内的垄断，乡镇中大量的劳动力从事着丝织、砖瓦、金属加工、陶器、绸布和染织等的生产活动。

历史上沿运都市和市镇的发展此起彼伏，甚或此消彼长——总是处于不断的变化和平衡中。个中原由多样，政治因素如南宋临安易为帝都，繁荣而庞大。然至元蒙，"城市面积和影响力方面都迅速地下降"[7]。当然，有些是基于自然条件和水文地理环境发生了变化，导致峰谷沉浮式的变迁，唐宋青龙镇和元明清的浏河镇，可能就是两个突出的案例。

唐时沪渎（今上海）西缘的青龙港占据控江连海的地理优势。据《晋书·虞潭传》载，晋咸和年间（326—334），吴国内史虞潭在吴淞江下游出海口的沪渎处筑垒以戍守、御盗，也就是所谓的"青龙镇致松江（吴淞江），上据沪渎之口"[8]。隆安四年（400）后袁崧定居于青

[1]
［唐］隋书（卷三一）·地理志．

[2]
［唐］李华．杭州刺史厅壁记 // 全唐文（卷三一六）．嘉庆内府刻本．

[3]
［南宋］吴自牧．梦粱录（卷一三）·夜市．

[4]
［南宋］咸淳临安志（卷五九）·贡赋·商税．

[5]
［美］林达·约翰逊．帝国晚期的江南城市［M］．成一农，译．上海：上海人民出版社，2005：2．

[6]
［美］施坚雅．十九世纪中国的地区城市化 // 中华帝国晚期的城市［M］．叶光庭，等，译．北京：中华书局，2000：242．

[7]
［美］林达·约翰逊．帝国晚期的江南城市［M］．成一农，译．上海：上海人民出版社，2005：3．

[8]
祝鹏．上海市沿革地理［M］．上海：学林出版社，1989：157．

浦，奉命至江边修筑沪渎垒[1]。随着海岸线持续的推进，吴淞江的入海口逐渐形成了喇叭状。时"吴淞江唐时阔二十里"，北宋水利家郏侨赞誉吴淞江"深广可敌千浦"，便于"海舶辐辏，风樯浪楫，朝夕上下"。至唐天宝五年（746），该镇已设镇将和副将，"所职捍防守御之事"。港口交通和贸易的兴盛促使它成为以苏州为腹地的转口大港。五代两宋时，长江南岸陆地持续地向外延伸，娄江的入海口随之向东位移，其澄漕口由海口港湾也逐渐演变成河口港湾。

与之近似的是，因元代作为太湖泄水通道的东江阻塞和淞江淤浅，娄江跃而代之为其泄洪的惟一水道，太仓以东的刘河（今浏河镇）由此获得了发展的契机。元明清三代，这里竟然"粮艘鳞次栉比，岸边仓栈峰屯"，乃至郑和下西洋的母港和始发地。清初刘河镇区尚有十字街、庙前街、河沿街、北大街、南大街、河西街、东大街和小庙前等街衢12条，里弄数十条，桥梁16座。随着娄江河口横沙陡涨，清季的刘河港渐成平陆，直至"商贾鲜至，阛阓萧条"[2]。

二、生产、市场和商贸

大约自宋代开始，包括洞庭东、西山在内的商品性种植就已经呈现出一片兴盛的景象，元祐时吴县县尉郭受曾这样描述到："桑田翳日，木奴连云。织纴之功，苞苴之利，水浮陆转，无所不至。"[3]明中叶后，商品性种植在江南各地已经大面积地展开，种植的品类有棉花、桑树、席草、靛蓝、烟草、茶树等。其中，大量种植棉花与水道淤浅或田土高仰虽不无关联，但其关键乃在于种棉力少却利多，时人有云："（松江、太仓等地）并非沙土不宜于稻。盖缘种棉费力而获利多，种稻工本重而获利少。"由于田亩支河汊港多见淤塞，"艰于车水，工本不无多费"[4]。这就说明，苏、松、太地区由于水利之桎梏，种棉较之种稻似更为合适。其他如蚕桑业与棉业亦大致仿佛[5]。此地虽赖膏腴，民习耕种且勤劳，自然足资衣食。但严苛赋税、激增人口以及有限的耕地等压力，如果还仅仅局限或依赖于田亩所产，恐难以为继。事实上，彼时江南的农业资源已充分地利用，在专统农业范畴作进一步扩张已不太可能[6]。因此，开展多种经营，发展商品生产，或改种经济效益较高的什物品类等，遂成为众多农户谋生致富的现实抉择路径。结果之一便是，粮食生产从原初的"苏湖熟，天下足"关捩至"湖广熟，天下足"；然而商品性扩大种植的行为却为其商品生产奠定了基础。一些棉田匮乏之地也纷纷盛产布帛，如常州府属无锡、金匮二县，"邑中女红最勤纺织，故不种棉而出布特盛"[7]——因为，所需棉花，尽可至棉花主易换。

[1] 后袁氏死于乱军孙恩之手，葬于崧泽。宋代《绍熙云间志》中称崧泽为"袁崧宅"。苏州甪直王韬在《瀛壖杂志》中云："沪上遗迹，以袁崧为最古，有崧泽村者又名崧宅，以袁崧故宅尚存，遂以村名。"后因崧宅位于九峰与吴淞江之间的一块泽地，故易名为"崧泽"。

[2] ［清］王祖畲.太仓州镇洋县志（卷二）·营建.民国七年刻本.

[3] ［宋］范成大.吴郡志（卷三七）·县记.

[4] ［清］高晋.请海疆禾棉兼种疏//清经世文编（卷三七）.

[5] 比如王庭在为清康熙《嘉兴县志》撰序总结该地蚕桑业兴盛缘由时说道："邑土高，水狭而浅，颇不利田，因多改之为地，种桑植烟，分稻禾之半，此利非久常耳。"

[6] 刘石吉.明清时代江南市镇研究［M］.北京：中国社会科学出版社，1987：3.

[7] ［清］（光绪）无锡金匮县志（卷三一）·物产.

丝绸，历来是该区域商品生产和贸易的大宗货物。相比较地看，丝织品生产的范围要比蚕桑区更加广大，苏、湖、嘉、杭等大城市以及下属的乡镇如南浔、盛泽、王店、王江泾、双林、菱湖、濮院、临平、塘栖、震泽、黄溪等咸为丝织业著名的生产和加工基地。据范金民估计，明后期织机约1万台，最多不超过1.5万台，每年生产约价值38万两银的多类绸缎，即或绢54万匹，或绸38万匹，或贮丝10万匹，清前期生产兴盛时有可能达到8万台，乾嘉时期每年生产的商品性丝绸，相当于绸类一千数百万匹，价值1 500万两[1]。上述也表明，江南商业的繁荣，是建立在当地发达的商品生产基础之上的。

沿运城镇乡村商品生产的专业化、地区性的特点，是根据不同地理条件、资源禀赋和经济结构而交错发展，从而形成一个令人瞩目的经济共同体——这个整体化的共同体之间，既互相联系、又互相补充。如以丝业为代表的乌青镇、震泽镇、南浔镇、菱湖镇；以绸业为代表的王江泾镇、盛泽镇、双林镇、濮院镇；棉业市镇以七宝镇、新泾镇为典型；棉布著名者如南翔镇、朱家角镇、枫泾镇；粮食交易荦荦大者如枫桥、平望、长安、同里和黎里镇；生产砖瓦的千家窑、陈墓（锦溪）、陆墓镇；还有福山镇、沈港镇等濒江临湖的渔业镇，榨油业石门镇，刺绣业光福镇，冶铸业炉头镇，制笔业善琏镇，制车业章练塘镇（练塘），竹木山货之埭溪镇，编织业唯亭镇，以及近海新场、航头、下沙等盐业镇市，交通枢纽和港口澉浦、乍浦、浒墅、刘河镇。据樊树志研究和笔者数十年的实地踏勘，这些市镇之间远者数十里，近者仅数里许，密度既高，数量增速又快，相互之间拾遗补阙，最终形成了都市、市镇、乡村多层级的商品生产和经营、贸易及交通贸易的网络[2]。

地区内城镇和乡村的交换关系伴随两者间社会分工的扩大而得到发展。城镇人口急剧增加的结果之一，使得其对乡村农副产品的需求变得迫切，数量增加，以至于杭州"居人户不下十万，而粟米仰给吴楚，乌莞采之上江"[3]。除了从乡村输入生活资料外，还输进生产资料，明代松江府内"纺织不止村落，虽城中亦然"[4]，城市居民纺织所必需的棉花原料，均来自乡村的输入和供给。反过来，乡村在向城镇输出农副产品之时，基于自身商品化和专业化的发展的需求，也迫切地需要城镇所生产的产品。清代常熟农村除"布帛菽粟"这些自身能生产的之外，其他"服食器用，皆仰给于商贾"[5]。隆庆年间修纂的《长洲县志》对当时苏州附属长洲县的经济状况如此描述道："长洲延袤不百里，而湖陂居三之一，田赋居十之二，此岂尽利于蔗基哉，商贩工伎……以身所营，给家所食，而以田所充官税。"[6] 陆楫《蒹葭堂杂著摘抄》则概括了苏州商贸兴盛的缘由，是"为天下南北之要冲，四方辐辏，百货毕集，

[1]
范金民.明清江南商业的发展[M].南京：南京大学出版社，1998：31—32.

[2]
樊树志.明清江南市镇探微[M].上海：复旦大学出版社，1990：114.

[3]
[清]（康熙）钱塘县志（卷三）·里市.

[4]
[明]（正德）松江府志（卷四）·风俗.

[5]
[清]（康熙）常熟县志（卷一）·物产.

[6]
[明]（隆庆）长洲县志（卷二）·田赋.

故其民颇以市易为之"。清乾隆两江总督高晋也曾对苏南运河城市经济的特点进行过总结:"窃照大江南北,江宁、镇江、常州、苏州府属地方,土多沃壤,民习耕种,且能手艺营生,衣食足资利赖。"[1]

关于物产和百技事项,前人论述备矣,如王士性在述及江南物产时就曾说过,吴越间"人既繁且慧,亡论冠盖文物,即百技艺,心智咸儇巧异常。虽五商辏集,物产不称乏,然非天产也,多人工所成,足夺造化"。[2] 另外,《明经世文编》的编者在明宣德时应天(今南京)巡抚周忱"天下之民出其乡则无所容其身,苏松之民出其乡则足以售其巧"一语下方,特地加注了六个字:"以其逐末技也。"末,即士、农、工、商四民序列中的末位——商,逐末技也就是重视商业贸易。不过,前揭王氏的话语中还含有擅长手工业生产的意思。

明代田汝成的《西湖游览志》在宋吴自牧《梦梁录》记载的地名之外,又登录了众多的新地名,并且注明了这些地名的产生与宋代杭州商业的关系,这些地名生动地反映了临安城的行业、分布的不同地段,以及商业经济形成专业化的倾向。与杭城相颉颃的苏州,尤其是阊门之所以成为苏城八门之首,很重要的一个原由就是此处系水陆交通之要冲。至于后世所谓"两湖江皖米艘泛舟而下,漏私海舶又皆麋集于此"云云,则概括了阊门的繁华和重要。宋代平江城商业繁荣,俨然"七堰八门六十坊",商肆集中,坊市栉比,不少街坊成为同行业聚居之处。在石碑上还可以找到许多以手工业为名称的街、巷、坊等,如绣线巷(今修仙巷)、金银巷(今剪金桥一带)、制帽的中子巷(今乘鲤坊)……,在一些交通便利之处,还设置固定的集市场所。

明中叶后随着苏州手工业的迅速发展，逐渐形成了业缘群体和集聚的现象，如东北半城多从事纺织业，西城附近为玉器、铜器、乐器、骨器和响器制作之地，"……毕竟吴中百货所聚，其工商贾人之利又苦农之什七，故虽赋重，不见民贫"[3]。清代的姑苏工商业更胜一筹，"布坊各处俱有，惟阊门为盛，漂染俱精"；"染作在娄门，亦各处俱有"。纸坊数量也颇为可观，雍正年间多达450余家。据乾隆五十八年（1793）所立长、元、吴三县"议定纸坊条例章程碑"的刻文载，乾隆间苏城有纸坊36家。道光年间玉器业遍布阊门内专诸巷、天库前、至王枢密巷、回龙阁、梵门桥弄、学士桥等处，琢玉磨璞之声昼夜不断。同治年间苏市绣业同行有"人和瑞"、"潘昌记"等65家，所绣之品针线齐全，独创"双面绣"，以其"平、光、匀、和、顺、细、密"的独特针法绣技跻身四大名绣之列。

如果仅限于沿运之间的流通以保障其商品生产和特殊的经济结构，显然是不够的，其繁盛景象也不可能自14世纪后半叶一直持续到19世纪上半叶、长达五个世纪的时段。昔时运

[1]
［清］高晋.请海疆禾棉兼种疏//清经世文编（卷三七）.

[2]
［明］王士性.五岳游草（卷十二）.康熙刻本.

[3]
［明］王士性.广志绎［M］.周振鹤，点校.北京：中华书局，2006：219.

河与长江承担着贸易运输线路的主干:往北方向,经运河沿途北上,过扬州、高邮、淮安、徐州、济宁、聊城、临清、德州和天津至通州、北京,至北京后再东至山海关,西去宣化府、大同。至辽东一带,亦可沿运河一路经扬、淮经山东境内的莱州、登州,渡海至辽东。至豫、晋二省,可自南京、滁州,取道宿州、商丘、开封,经长平至太原。如至陕西和四川等内地,则由开封西行,经河南陕州、潼关抵达西安,再由西安南输转至四川各地。至于长江沿线,或溯江而上,而顺江而下,沿途云、贵、川、渝、鄂、湘、赣等省区的物质则可转道长江,源源不断地运抵江南各地。江南城镇每年房屋建设需要的大量木材,除贵州楠木外,明中期经芜湖关运往江南的木材还有产自湘西的楠木、益阳的皮楠、常德的杂木,以及来自川、渝、鄂等其他府、州、县的水楠、榆木、黄心木、枣木、椿木、山桃、枫木、杉木、檀木、松木和杨木等,安徽和浙江衢州、严州府的木材则由青弋江、新安江和富春江等直流运往江南,福建、广东等物质由海道输向江南……反之,江南运河流域的商品、物资也通过上述线路运往全国各地。张瀚就曾谈到江南求购罗绮绸缎的秦、晋、燕等地的北方商贾假道运河往返、聚于京师,而半产于东南的天下财贸也由运河所维系的情形。

对于纺织品北运,明末上海人徐光启也说道,"今北土之吉贝贱而布贵,南方反是。吉贝则泛舟而鬻诸南,布则泛舟而鬻诸北"[1]。北棉南布以运河为纽带,以江南为中心展开了各取所需的对流和互利流通,即江南向全国各地输出的是手工业成品,输入的是商品生产的原材料;输出的是生活资料,输入的是生产资料。有关这一点,我们可以从清雍正年间杭州织造业北关监督许梦闳所主持修纂的《北新关志》中,可以获悉斯时该关进出商品货物的类别和信息。其卷十三《税则》中共列 17 大类货物,分别是缎绫罗纱布匹类、丝线花麻类、毡货毛毯类、衣帽靴鞋皮袄类、草席棕荐类、干果食物类、青果姜笋类、颜料胶漆类、铜铁铅锡类、花白瓷器类、土钵砖瓦类、纸笞锡箔扇画类、猪羊腌腊类、杂色皮张类、杂色药材珀玉器类和什物家伙杂货,以及河泊货物类。上述多系生活用品,品种多样,高、中、低档一应俱全,产地南北东西兼具,包括舶来的高丽纸等。为睹其详,不妨抄录[2]第十六,即什物家伙杂货等类如下:

漆竹丝拜匣,漆杂木拜匣,漆碗楪,湘妃竹片,花梨床,花梨大香几,大打伞,上等铺陈,珐琅盘碗,寿山石人物,小线稚,布绣枕,烧石料杯,藤凳,中伞紫檀,棕竹花梨,乌木箸,中等铺陈,珐琅锤,漆甬盘,羊皮金,锡器火炮,竹丝食箩,钉丝拜匣,箴笼藤枕,布枕,皮枕,铜丝长罩,藤夫人漆面盆,大

[1] 〔明〕徐光启.农政全书(卷三五)·蚕桑广类.崇祯平露堂本.

[2] 文中物品价格均略去。

屏风，篾簟，铜丝帐钩，小伞杂木筋，炭屑，土煤，细竹篾，英石，羊角片，花梨厨，下等铺陈，茶橐，茶架，杂货明瓦、漆竹箸，木炭，烂皮底，攀枝花墨果箭翎，纸斤数珠杯，净头发，粗竹篾，弄盘子，围棋子，马连草，水仙花头，青珠簪料，延生炭明角，图书石杯，藤丝，墨煤，海螺壳，扁担，戏木枪刀，小木枪刀，雕漆酒杯盘，花梨酒杯盘，角套茄瓢篾篮，米筛，播箕，焙笼，枕蒲，盔头，木杓，木鱼，箸笼，蚕匾，纸面鬼，梳匣，算盘，篾凉枕，棕茶钟，棕酒钟，藤考篮，漆板刷，描金烟斗，描金棕帚，太平车木，戒圈木糕印纸套，头螺甸调羹，皮缎烟插荷包，绢人物，眼镜，指决小香合，镜架，不求人，笔筒，粉幢，揸斗，图书星盘柳斗，黄杨木梳，花梨眼镜匣，小漆香盒，云罗架，马尾筛，小琉璃，小盒灯，马连帚，篾笋酱匾，蚕帘囤皮，马鞭子，缰绳，发绳，羊毛带，弓角，面轴头，木烛台，色板，绢线花竹箫，螺甸簪，乌木、紫檀笔管，烟筒杆，花梨尺，等子算盘，数珠，翠花，竹帘，明瓦窗，小屏风，绢窗心，草子汗衫，戬子，花梨书厨，花梨屏风，花梨桌，大料丝灯，大琉璃灯，大珠灯，围屏灯，香带，小酒，藤丝果罩，牛骨，轿花，新布头，棉纱线头绳，棉纱带，骨器骨纽扣，骰子，烧石料簪，圈带，壳蚌珠，蚌壳，眼钱，葱草，花蕊，切碎兔皮，松香器，寿山石器，锡镶酒盏，竹丝酒杯，纸线帖，取火镜，灯笼，匙牌，泥果，小泥盒，纱灯笼，毛耳檐，竹丝果罩，骨牌，牛角帐钩，木棍，竹扁担，竹片，车心木，乱头发，旧絮胎，铜宝簪，木屐杯，烧柴，纸棋盘，醋、洒，木榼杯，油竹箸，花梨椅，寿山石桌上小屏风，角带，神伞，小料丝灯，小琉璃灯，小珠灯，大官轿，篾丝轿柄，木梳，棕纸炉垫，粗高纸帽，衬纸泥人，皮老虎，磁匙托，绢香袋，小木瓢，木梁，笔箕，竹刷描金，火煤筒，花梨紫檀壶，顶骨鞋拔，叫子鸽铃，煮色杂木烟筒杆，描金木杆，刷牙抿子，消息子，耍棒槌，鬼见怕，骨簪，竹帐钩，缎帽带，棕帽带，漆箱，描金皮箱，皮箱，瓦箱，攒盒，缎盒，描金缎盒，皮靠手，懒收拾花梨凳，花梨马凳，花梨文具拜匣，天平双陆盘，桌上小香几，紫檀文具，春盛食盒，羊皮灯，鱼鳞，凉床衣架，竹梁笔箕，护衣楪拜条，蒲团，蒲包，竹剔子，泥香炉，花瓶，小皮匣，大浴盆，藤浴盆，书厨，减妆镜架，花梨减妆，花梨镜架，纱绢灯，草纸花，通草花烧料蜡花，香袋壳，稻镖，皮帽盔，藤帽盔，弓箭袋，描金拜匣，纸火匣镜，皮拜匣，皮纱帽，拜匣皮带巾，拜匣漆梳具，漆盒竹箱，马桶，马桶，草明旌布帐幔，小纱灯，坠头小珠灯，大鼓神旗，小鼓，纱灯围轿扛，座桶，提桶，纸牌布帽圈带，楣柱，八戾，纱绢烛，纸经摺纸墨匣，小泥人，纸鸡马，小摇鼓，小竹吹笙，小孩玺子，蟋蟀小罐，小耍篮蒲墩，漆桌寿山石桌上小香几，寿山石桌上小席屏，花梨、紫檀大花瓶架，小镜支镜架，镜匣，香素珠，藤茶盘，描金茶盘，描金梳匣，皮梳匣，皮盘碗，皮护书，海螺牙，棕壶，棕碗，木砚匣，小柳箱，漆打扇挺，带风领稍连，花梨、紫檀小瓶架，茶盘，砚匣，梳匣，笔筒，棋盘，棋簋，花梨象棋，竹踏凳，交椅，琵琶，三弦子，竹笙，漆凳，天平，竹椅，新乂口，双陆棋盘。[1]

以上虽层次模糊、体例混乱、分类含混，且货物名称上下重叠、错字有之，同音字和通假字众多，估计为流水账照录所系，但毕竟为后世提供了一份翔实的货物清单。而在苏州运河段，"自阊门至枫桥十里，估樯云集，唱筹邪许之声，宵旦不绝，舳舻衔接，达于浒墅"[2]。江南经济的发展正是基于建构在与全国各地区频繁的交流基础之上，为其经济持续、稳定和高效地发展注入了源源不断的生机和活力[3]。

在对外交往和贸易流通方面，江南同样启领风气。前述青龙镇在北宋嘉祐年间商业和海上贸易已十分发达，据该镇嘉祐七年（1062）的《隆平寺宝塔铭》记载，镇周的杭、苏、湖、常等州庶几每月咸有船艘至此，稍远的福、建、泉、漳、温、越、台州等，一年至少来两三次，两广、日本、新罗则每岁一至。据《宋会要辑稿》记载，熙宁年间秀州辖区的9个税场中，该镇的商税额居第二位，仅次于州城，超越了华亭县的税场[4]。及至元丰年间，贸易又进一步扩大和提升。《云间志》载曰：港镇已为"海商辐辏之所"，宋廷在此专设市舶务，"掌蕃货海舶、征榷贸易之事，以来远人，通远物"，专司进出口贸易、管理外商船艘、征收商税以及收购政府专卖物资等。商贸发展使青龙镇区的规模也在不断地拓展——从原初的约6平方公里扩张至25余平方公里。为加强镇务管理，相应的镇学、官仓、监狱、官署等机构次第建立，设有茶务、盐务、酒务等税场，以及水陆巡检司。镇市中五方杂处，百货云集，所谓"市廛杂夷夏之人，宝货当东南之物"，实乃"人乐斯土，地无空闲",人称"小杭州"。

与之近似的太仓刘家港,元时"九夷百番,进贡方物,道途相属。方舟大船,次第来舶"[5]。海运漕粮推动了其北洋航线的勃兴——漕户和民船携江南所产,东北向驶入高丽水口,东达倭国;与番夷互市,拓展南洋诸地,海商们"涉海去中国数千里,足之所履无虑数十国"[6]。故元朝诗人许尚在《华亭百咏·苏州洋》诗中吟诵道:"已出天池外,狂澜任尔高;蛮商识吴路,岁入几千艘。"其时,日本、琉球、高丽、渤尼(文莱)、阇婆(印尼)、暹罗(泰国)等国家和地区以及阿拉伯的番船纷至沓来。各地与日本、东南亚、南美洲和欧洲的葡萄牙、荷兰、英国、美国、法国和丹麦等国的交易数额也呈明显扩大的趋势,我们可以海宁县乍浦镇的清乾隆《乍浦志》中所记录的、从海外输入的物品清单得以窥一全豹:

  货自日本、琉球、安南、暹罗、爪哇、吕宋(今菲律宾)、文郎、马神等处来者,则有金、银、铜、锡、铅、珠、珊瑚、玛瑙、琥珀、水晶、玻璃、龙涎、伽

[1]
孙忠焕.杭州运河文献集成(第1册)[M].杭州:杭州出版社,2009:184—187.

[2]
杜洁祥.中国佛寺史志汇刊(第1辑第43册)·寒山寺志[M].台北:明文书局,1980:115.

[3]
范金明.明清江南商业的发展[M].南京:南京大学出版社,1998:97.

[4]
[清]宋会要辑稿(卷二九六)·食货十六之九.

[5]
太仓市史志办公室.太仓港发展史[M].西安:西安地图出版社,2005:65.

[6]
[明]桑悦.太仓州志·义士行.

楠、沉檀、速降、安息、黄热丁香、紫檀、花梨、铁力、乌木、苏木、黄白藤、象牙、犀角、虎骨、羚羊角、牛黄、熊胆、玳瑁、螺壳、孔雀、翡翠、倒挂鸟、红白鹦鹉、哆啰呢、羽毛纱、猩猩毡、哔叽缎、嘉文席、燕窝、海参、鲨鱼翅、黄蜡、胡椒、豆蔻、槟榔。[1]

至于对外输出的货物品类，则以生丝、绸布、书籍、瓷器等生产资料和日用手工业产品为主，其商品的价值量占有绝对的优势，在较长的时段中保持着主动地位。

三、物质遗产

城市形态、空间格局及其城池以其无可比拟的体量和规模，及其所承载的政治、军事、经济、社会和文化等全方位的历史载体和信息位列各类物质遗产中，凸显着重要的价值。在素有"三吴重镇、八邑名都"之称的常州境域中就遗有众多的史前城邑遗迹——新石器时代的圩墩遗址、淹城、阖闾城。淹城距常州市区约 7 公里，位于现武进区湖塘镇西。据文献记载和对 1957 年以来出土的三艘独木船、若干铜盘、铜匜以及原始青瓷、几何印纹陶等的鉴定，大约为西周和春秋战国时期的遗物。有子城、内城、外城城垣三重，仅西面设一出口通道，城外护城河环绕。外墙城周约 2 500 米，平面为一不规则的圆形——南北直径 660 余米，东西对径 800 余米；内城的平面略似方形，位置偏于外城的东北向，周约 1 500 米；子城（俗称紫罗城，又称王城）在内城的西北端，平面近似方形，周约 500 米，地势逐渐突起。内城之西与外城之间、由南向北有高 10 米上下的三个并列的土墩：南为头墩，中为肚墩，北为脚墩——可能是楼台或供瞭望之类的建筑物。按照此城的规模和设施，不像帝王的都城，而可能是屯兵之类的军事堡垒。在淹城的东南方即现常州武进区雪堰镇和无锡县胡埭乡境内的阖闾城，是春秋吴、楚、越三国争霸时吴王为防御楚、越两个方国的攻击和侵袭所筑。此城河道围绕，现仅遗西南城墙一隅。城的平面为长方形，周约 2 420 米，东西长约 910 米，南北宽约 600 米。城墙底部宽约 20 米，现高 2~4 米不等，断截面无砖石，说明此城系土筑。城南略偏东处有一宽约 36 米的阙口——推测很有可能是门洞。土城的形势十分险要：城后有胥山、濮射山和龙山作屏障；前方远处是南山山脉，左边是浩淼的太湖；山上设烽燧墩，山下为城，可谓进可攻、退可守，洵为古代军事要地之一。

苏州古城略呈纵长方形，城墙稍有弯曲，马面突出，护城河环绕。中央略偏东南的子城

[1] ［清］（乾隆）乍浦志（卷一）·城市．

为府治区域，筑有城墙，由院落、厅堂、廊庑等组成衙城建筑群。《平江图》上跨街建造的华表、坊名与《吴郡志》所载符合若契[1]。若论城门，则以盘门最具特色和完整。重建于元至正十一年（1351）的水陆双门并列、陆门两重，两门之间为瓮城。两道陆门中，外门略小，宽约3米，厚7米，用花岗条石砌筑。内门宽约4米，城门用城砖砌筑。原城门各设铁闸和铁皮木门，可开阖。两门之间空地容马，可藏兵百人。四周城墙陡峭，易守难攻。顺陆门北侧宽阔的石板坡道可径登城头，一窥垛口、射孔、炮洞、雉堞、女墙、闸口、绞关石、天井（防火之用）等古代城楼的防御设施，以及整个陆门、水门套城的形态全貌；水门设闸两道，位于陆门南侧，门洞内两艘小舟可并列而行。门之间有暗道可径登城。城门外以大运河作护城河，内城河水流经门洞出城墙过水关桥，便汇入了宽阔的大运河。四周尚有水关桥、吴门桥和瑞光塔，形成辉映成趣的建筑历史文化景区。

吴门桥横卧于大运河上，水关桥即在水城门外的咫尺之处，从盘门城楼往东北向眺望，惟见迈越千年的瑞光塔秀出云表，傲然屹立。简而言之，盘门以全国惟一完整和较全设施的水陆双城门，水关桥和吴门桥一圆一直的形态，以及瑞光塔高矗的竖向构图，极大地丰富了古城西南的天际轮廓线，城、塔、桥、河，构成了一幅奇妙优美的江南水城画卷。

大抵在嘉靖前，江南谓"人垂老不识兵革"，承平既久，人情狃于晏安，故"玩细娱而忽远虑"[2]，城郭池濠废而莫讲。嘉靖间倭乱后，江南各城和沿海的卫、所纷纷修城筑池以御。如湖州府城垣及附郭乌程和归安二县、常州府德安、广化两瓮城、杭州城加筑敌楼、嘉善县城水门、陆门、城壕、月城、箭台、敌台、望楼、窝铺等城防设施一应齐备；沿海的乍浦城增筑敌楼10座、澉浦城增建敌楼16座，池深9里3步等。从文献和方志中看，昔时的城池十分普遍，进城和出城，成为城乡地理图景的常见模式。岁月悠悠，沧海桑田，这些城防设施，或圮废，或毁于太平天国战争、抗日战争等，有些在20世纪五六十年代或受意识形态的左右和激进主义的支配，因拓路、城市建设之需而拆毁，逐渐消匿在人们的视野和记忆中。

如果说历史上杭州城外以西湖为胜境的话，那么，城内则以吴城胜。不过在南宋时此处还是一片郊野。周必大在《二老堂杂志》中曾经有云："车驾行在临安，士人谚云：'东门菜，西门水，南门柴，北门米。'盖东门绝无民居，弥望皆菜圃。"[3] 传统农业社会古代士人墨客对居处环境的经略和抉择，普遍倾向于与自然合一的居处环境，以及注重生态环境的和谐、平静，这种环境意识和情怀在传诵不绝的诗词歌赋等不同体裁的文学作品中举目皆得，

[1]
[宋]范成大.吴郡志[M].南京：江苏古籍出版社，1999：70.

[2]
[明]吴鹏.修城记略//[清]（光绪）嘉兴府志（卷四）·城池.

[3]
[清]厉鹗.东城杂记（卷上）·东门菜//陈述.杭州运河文献[M].杭州：杭州出版社，1985：21.

同样，我们在《竹深亭记》一文中，依稀可以领略士子们对高雅意境的憧憬："杭城之东偏有地，曰戚家园，园广十亩，通衢外，环限以修垣，其中民舍若干区。舍西有大竹数百竿，青秀敷映，蓊若深谷，烦嚣攸袪，忘在阛阓……"来自湖州的沈氏就庐于斯后，进一步修建屋舍，重点仍然放在了对景观环境的构筑中，他"悼众之遗，乃增亭竹间，以娱宴休，……亭纵一筵，衡广倍之。栋宇简易，疏棂闲静……"[1]

清代东城人群渐趋密集，住宅庐舍的构筑只能因势就形，在日渐逼仄的空间中塑造居停，暨善于利用环境的特点筑庐构园。例如从厉鹗所记看，少司农严颢亭在城东的清泰门北缘构筑的皋园，手法高妙，"外引沙河之流从水门穿堑入园中美，流经亭阁间，束而为涧，展而为沼，縠纹镜光随风日波荡，复注篱外长沟，以达于东河"[2]。再如城中的莲居，"其地左负郭，右亘土桥，门外清流萦带。循六枳之篱而入，一往深窈，寮舍堂殿如蜂王国、如燕子巢，户牖相向，皆极低小"。房舍虽小，但环境却很幽静[3]。又据晚清杭州人杨文杰所记项秋伊之所居，"家居艮山门成衙营口。辟圃编篱，围种芙蓉，绚烂若锦。蹋地缭绕，栽菊数千本，英大于盘，枝高及肩，皆名种也"。项氏曾自赋诗云：

> 榛芜辟尽露英华，小景还宜点缀加。
> 石砌鱼鳞幽径绕，竹编麂眼短篱遮。
> 添来罨画三间屋，种得迷离遍地花。
> 漫说喧阗城市近，风光不减野人家。[4]

丰沛的水系水网和冲积平原低洼高程的地理特质决定了江南环境的独特性——在数以千计跨津越河的桥梁中，以各类拱桥最为普遍。横跨无锡段运河上的清名桥于明万历年间（1573—1620）由寄畅园事主秦耀之子捐建，后又于清康熙十一年（1672）重建，是该区段历史悠久、保存完整的单孔石孔桥。该桥名桥林立的苏州除枫桥外，还有与赵州安济桥、北京卢沟桥等齐名的中国十大古桥之一的宝带桥，位于运河和澹台河之间的玳玳河上，53孔，桥宽4.1米，总长317米，净跨在4.6至7.45米之间。现桥乃正统七年（1442）重建之物，清道光十一年（1831）林则徐亦曾主持修葺。清咸丰十年（1860）英国洋枪队进攻太平天国军队，竟悍然拆去第九孔以使轮船通过，造成北端26孔的连续倒塌。抗战期间，日军又炸毁了南端的6孔。20世纪中叶，有关方面按明制和原规模予以修缮。该桥体用坚硬的金山花岗石砌筑而成，是国内目前现存古桥中最长的一座多孔石拱桥。两端拱脚的距离长达249.8米，北端引道长23.2米，南缘引道长43.6米。平坦宽阔的长桥便于挽舟拉纤，故纤

[1]
［清］厉鹗.东城杂记（卷上）·竹深亭// 陈述.杭州运河文献［M］.杭州：杭州出版社，1985：37.

[2]
［清］厉鹗.东城杂记（卷上）·皋园// 陈述.杭州运河文献［M］.杭州：杭州出版社，1985：21.

[3]
［清］厉鹗.东城杂记（卷下）·莲居// 陈述.杭州运河文献［M］.杭州：杭州出版社，1985：34.

[4]
［清］杨文杰.东城记余（卷上）·可羡园// 陈述.杭州运河文献［M］.杭州：杭州出版社，1985：58.

夫皆受其利。又因古时的澹台湖为渲泄太湖水量、吴淞江出海的重要水口，主事者摒弃了实体墩，而以多孔、连孔建之，既减降桥的自重、有利于桥梁的寿命，而且也增加了净空矢高，使泄洪之水可畅流无阻。其桥身自 13 孔起逐渐隆起，至 15 孔达至高点 7.5 米，陡增变化，堪称桥梁史上的杰作。

与之差可媲美的是吴江松陵段运河上的垂虹桥。该桥初建于宋庆历八年（1048），因桥"环如半月，长若垂虹"而得名。元泰定二年（1325）改木构为石桥。原桥长 500 余米，由 72 个拱券组成三起三伏状，蜿蜒如龙，桥上有亭翼然，名"钓雪"。惜因年久失修，亦大部塌陷。其他著名的桥梁还有杭州拱宸桥、塘栖通济桥、嘉兴王江泾桥，等等，不一而足。

在物质遗产中，生产和工业性的历史建筑遗存历来稀少。镇江四摆渡蚕种场、无锡西漳蚕种场、德清莫干山蚕种场、江阴大福蚕种场、苏州大有蚕种场等保存尚好。蚕业在江南经济中的作用无须赘言，由于近代传统蚕业受到外来蚕丝的挤压和挑战，手工化的蚕室建筑和环境逐步引起教育界、丝商和开明志士们的重视，20~30 年代各地纷纷兴建蚕室建筑，国民政府于 1930 年还成立了专业管理机构，颁布法规、明确良种规格和技术标准。上述五所蚕种场建筑大约建于这一时期。其中镇江四摆渡蚕种场占地面积 13.7 hm^2，现存建筑 21 幢，由蚕室、缫丝实验室、储茧库、检种室、冷藏库、水塔、办公楼等建筑组成，制种流程配套齐全[1]；长泾镇大福蚕种场现存的北场部分建于 1936 年至 1938 年，近年来得到妥善修缮。作为长泾镇的组成部分，

2008年被列入《中国历史文化名镇》（第五批）名录中。蚕种场区内有两纵列生产用房，包括蚕室、蒸室、消毒室、清洁室、储藏室。蚕室分南、北两处，南为1号楼，北为2号楼。蚕室为砖木混合结构，地下一层，地上两层，另有阁楼层。入口和楼梯间设于正中，与双层风雨廊道连接。楼梯间地板开洞，便于上下传输货物。为有效地控制温湿度，在建场中充分注意到蚕业对建筑及温湿度等的诉求，如增开气窗加大通风总量控制、阁楼处开设拔风筒借以强化拔风；育蚕室内地板凿洞、安装活动木格栅。风帽可随风旋转。一俟低温，还需加温。育蚕室每开间窗下设置煤炉，南北墙内各1个，烟道贴墙直行再上行，排烟口在小气窗的位置[2]。

以大福蚕种场为代表的江南蚕室建筑体现了现代农业科学和日益专业化的环境需求与地域建造体系的相互作用。从建筑学上看，它们共同构成了针对风热环境和空间卫生的建造改良尝试，呈现出具有现代科学理性的精神，通过整体性的设计试图对环境、建筑力求精密控制。

[1]
窦平平，鲁安东.环境的建构——江浙地区蚕种场建筑调研报告[J].建筑学报，2013（11）.

[2]
同上.

苏州市姑苏区盘门水关桥和吴门桥

四、建筑景观

沿运的江南城乡古建筑遗存分布既广，且量多质佳。早在春秋时期常州就为吴王诸樊之弟季礼的封地，史称延陵邑，后数易其名。自隋开皇九年（589）称常州后，千余年来一直是州、路、府的治所。运河自吕城、奔牛等进入常州市区逶迤40公里，城区曾多次向南扩展。位于今关河与大运河交汇处的红梅阁始建于北宋大中祥符年间，元代元贞元年（1295）重建，改名飞霞楼，明代复易名红梅阁。现阁系清代建筑，四周砌以围墙，正中建一石坊，额书"天衢要道"四字，其下铺有石阶十四级，气势雄伟。此阁高17米，木结构，上下两层飞檐双重，筑于2米高的土台上。建筑造型壮丽，结构精巧，斗拱翘角，别具风格。登楼远眺，园内景色尽收眼帘。红梅阁公园内广植红梅，冬末春初时花蕾独放，万象更新。还有嘉兴城北运河之畔的落帆亭，史载于北宋神宗熙宁（1068）初重建，为昔时官吏和客商过青杉闸时游憩之所。亭畔"浓绿暗宫柳，肥红绽野梅"，景色旖旎。它也是来往船艘的航标——自北而来者见亭即知嘉禾已至，反之，则出嘉城也。

梵宫琳宇或矗立于市廛之中，或隐匿于山峦丘陵之中。苏州东山镇西卯坞内的紫金庵就是一座不为外人所熟稔的小庵。院周峰峦起伏，层陵叠翠，松竹苍茫，环境幽谧。主体建筑仅一殿一堂，面积不足300平方米。生动的十六尊罗汉像分立于大殿两侧的佛龛上，这些塑像比例恰当，神态生动，"看门"、"评酒"、"说法"、"听经"、"降龙"、"伏虎"、"打坐"、"托塔"……姿态各异,栩栩如生,生动地表现了诸如"沉思"、"愁思"、"讪笑"、"钦叹"、"藐视"、"傲慢"等各种不同的神情世相。右壁后的三尊罗汉像,也构成了一幅生动的图景和画面。二十"诸天"像散落在罗汉像上面,其中一尊尤为引人瞩目,它左手托起的经盖形如绣花绢帕,十分轻薄,中指隆起好像能将经盖顶穿;右手微微一撩,出现几条下坠的皱纹,几个婉转圆润的曲面,充分表现了丝绸的质感。

与历史悠久的紫金庵一样,位于常熟虞山北麓的兴福寺同样是座迈越千年的古刹,与杭州灵隐寺、镇江金山寺、常州天宁寺合称江南四大名寺,经历代修葺和增建,规模宏伟。兴福寺背倚虞山,环境优美,四周尚有空心潭、空心亭、君子泉、破龙涧等胜境,松竹苍翠,花果葱茏,宛如一幅山清水秀、绚丽璀璨的图画。现尚存明代山门,大雄宝殿、天王殿、玉佛堂、禅堂、龙王殿、藏经楼、救虎阁、观音堂等清代建筑。唐代诗人常建的《题破山寺后禅院》一诗,使之声名远扬。北宋书家米芾既慕常氏声名,又叹诗之精妙,遂手书此诗。

科举兴起后,崇文重教之习蔚然成风。两宋后江南文化趋于兴盛,私塾、书院林立,藏书、刻书繁盛。保存至今的嘉业堂藏书楼、文澜阁、古里铁琴铜剑楼、湖州皕宋楼和东林书院等名闻海内,还有乌镇的立志书院、嘉定的当湖书院、海宁长安的仰山书院等。位于虞山东南麓的昭明太子读书台和嘉兴王店镇的曝书亭等堪称文化胜迹。前者依山而建,是一座明代补建的石构方亭。亭内正壁镶嵌碑石三块，居中一块为清代觉罗雅尔哈善手书"读书台"三字，右边一块为明嘉靖十五年（1536）邓钹撰文，上端隽刻萧氏小像，下端刻凿铭序，左边一块是"重建昭明读书台亭记"，均为明代遗迹。读书台与石阶上端不远处的周太三次子仲雍墓、孔子学生言子墓等构成了一组著名的文化类建筑遗产。后者为清初朱彝尊筑建于康熙三十五年（1696），嘉庆后又多次重修。历史上王店镇人文荟萃，曾有蘧园、竹坨、勺园等10多处园苑，"自前明以来，士大夫往往构园亭以为安息之所，而文人逸士亦多有之"[1]。李详在《浔溪诗征斋》中曾详细介绍曰："浙西二郡嘉湖并称，嘉兴之有梅里（王店），乌程之有南浔，一县之人材荟萃于此，英俊之兴，文采之选，举其姓名几与名郡都会相埒，僻左之行省且莫逮焉。"清初邑人朱彝尊以绝丽之才，主东南诗坛数十年。曝书亭原为朱氏曝书之用，亭在假山之上，木构、攒尖顶。亭北有荷花池，池上浮架九曲桥。池的南缘即朱氏故居原址，有潜采堂、竹坨、桂之树轩、煮茶厅、雪之亭、颐舫、娱老轩和六峰亭等。现曝书亭及

[1] [清]（光绪）嘉兴县志（卷三）·镇市.

荷花池四周植树栽竹，以竹坨故居之名对外开放。

祠堂，也称祠庙、宗庙、家庙、宗祠等，是供奉、祭祀人神之处，包括帝王、忠臣、良将、清官、廉吏、先贤、名士、英雄、祖宗等。江南运河流域的城乡中祠堂无数，最密集处当首推无锡锡山与惠山之东北坡麓的惠山镇。在0.3平方公里的镇区内，集中了跨越明至民国时期600余年、今仍保存50余座的各类祠堂，计有王恩绥祠、钱王祠、黄斗南祠、赵宗白祠、陈文正公祠、顾可久祠、杨藕芳祠、范文正公祠、周敦颐祠、浦长源祠、倪云林祠、徐氏宗祠、陆宣公祠、荣贞烈祠、司马温公（光）祠、薛三义祠、浦节孝祠、顾洞阳（可久）先生祠、惠学士祠、孙伯仲祠、张柬之祠、李鹤章祠、陶安祠、孙继皋祠、蔡家祠、张文贞祠、王武愍祠、高宗宪公祠、邓公祠、江助教祠、朱祠、费祠、虞微山祠、顾太仆祠、吕成公祠等。除了惠山镇外，享誉海内的还有无锡梅村镇的泰伯庙、五里湖蠡园项羽祠，丹阳访仙镇的梁武帝祠、苏州东山镇的轩辕宫、天平山范文正公（范仲淹）忠烈庙、光福镇司徒庙，石湖的范成大祠、沧浪亭中的韩世忠祠，用直镇甫里先生（陆龟蒙）祠，常熟言子祠、黄公望祠，杭州市则有栖霞岭下的岳王庙、孤山苏白（苏轼、白居易）二公祠，还有上海黄道婆祠等等。

西湖栖霞岭下的岳王庙是祠墓合一的祠堂建筑群，依山傍水，具有浓郁的江南园林特征。现存建筑整体上由祠堂和墓园两部分组成，包括门楼、忠烈祠、启忠祠、南枝巢、正气轩、精忠柏亭等。门楼为重檐歇山顶式，巍峨而庄严。入门的忠烈祠殿内供奉南宋抗金名将岳飞的塑像，像的上方悬挂着仿岳飞笔迹的"还我河山"匾，殿顶天花板上绘饰百鹤图像。启忠祠位于忠烈祠西，原祀岳飞父母，旁侧有南枝巢、正气轩等建筑。墓园部分位处忠烈祠南，由墓门、照壁、甬道、墓冢和南、北碑廊等组成。甬道两侧立有肃穆沉重的石人、石兽像。墓碑刻"宋鄂岳王之墓"，岳墓左侧为其长子岳云的墓冢。墓周古柏森森，石栏围护。正面望柱上镌刻"正邪自古同冰炭，毁誉于今判伪真"一联。墓门下有秦桧、王氏（桧妻）、张俊、万俟卨四座铁铸人像，反剪双手，面墓而跪。

江南园林甲天下。宁、常、锡、苏、松、杭、嘉、湖等城市山林布列，苏州沧浪亭、狮子林、拙政园、留园四大名园分别代表了宋、元、明、清四个不同朝代的建筑风格和艺术特色。除了这些享誉国际的文化遗产外，还有很多精妙的小微型园林，市中心的怡园就是一个典型。怡园在众多的园林中堪称"园龄"最短者，呈现出博彩众园之长、自成一格的面貌。园主顾文彬在清光绪初购入后，延聘画家任阜长参与擘画，扩建后达8亩余（约5 300平方米）。按俞樾所作《怡园记》中称，园主取名怡园系"以顾性养寿是曰怡园"。该园分东、西两部分。园东以庭院建筑为主，坡仙琴馆与拜石斋（岁寒草庐）互为对景；异峰和湖石巧置，松、竹、梅三友经冬不凋。西部以山水为主，布置藕香榭、金粟亭、碧梧栖凤、画舫斋等建筑。中央处凿东、西狭长之池，环池配置峰石、花木。沿池北行入绛霞洞，上下出洞至荷花池北部。此段区域格局灵巧，垒石如真山，显示了工匠们高超的叠山技巧和创造性。出绛霞洞、经金粟亭、曲桥越池行至荷花池南，

上海市青浦区金泽镇迎祥街颐浩禅寺

但见一鸳鸯厅——藕香榭[1]。榭之东首有亭名南雪，东为拜石斋，南为梅林，北部隔一泓池水清波，遥对金粟亭。放眼展望，景致很是宜人。藕香榭西行有屋名碧梧栖凤，环境幽谧。前行亦至旱船，船的底层名画舫斋，楼上谓松籁阁。旱船面东正对石壁，但见竹木交加，山池掩映，颇具山林野逸之风情和趣味。纵观怡园，虽小但景观丰富，经营不拘成规，手法醇厚而熟稔。

嘉靖初南京兵部尚书秦金在无锡惠山东麓构建别业，名为"凤谷行窝"。后由族侄秦瀚及其子秦梁于三十九年（1560）修葺为园居，名"凤谷山庄"。万历十九年（1591），秦氏改建是园，题额"寄畅园"。后又延聘江南叠山名手张涟及其侄张轼重新擘画，最终形成了以水为主、石山为辅的格局。清康熙、乾隆二帝巡视江南时多驻跸于此。弘历还下旨在京师清漪园（颐和园）万寿山东麓仿造该园，也就是今日的谐趣园。寄畅园占地广约10公顷，分山水二大区域，水名"锦汇漪"，池中南侧有一九脊飞檐"知鱼槛"方亭，前突于水中。湖中东南设七星桥连接南北，远借锡山之巅的龙光塔入画面，使园景的纵深感得到了强化，近、中、远景分明，层次清晰。园西假借原山麓阜岗的地势叠土垒山，山中谷涧曲折，作小溪、步石，引"二泉"之水注入其中，潺潺有声，故名"八音涧"。寄畅园布局得当，艺术手法高妙，呈现出清幽的山林野趣、古朴的山麓园特色，现为全国重点文物保护单位。

建于同治九年（1867）的海盐县武原镇的绮园，系园主冯缵斋在旧园的基础上经略了四年方始告竣。占地仅9 887平方米的小园分宅、园两单元，居中墙垣分隔。基地呈南北不规则长方形，为三山夹两池的格局，由南、中、北三垒假山分成南北两个区域：南区有主厅潭影轩，池上架九曲小桥，攀至南山巅可一览园景。北区水景开阔，水中三桥二堤彰显了其品质。

据统计，仅苏州一地，历代园林（名胜）记载就过千数[2]，明代270多处[3]。据同治《苏州府志》记载，清代第宅园林尚不下130处[4]。园林的兴盛除了经济、环境外，和对生活品质的诉求、愿望以及受隐逸思想的沾溉之外，与文徵明、文震亨、陈继儒、李渔、袁枚、石涛等士子文人的擘画和参与是密不可分的。其中，又以明代苏州同里人计成最为突出。造园家计成晚年将自己的造园经验进行了系统化、理论化的提炼、概括，撰写了世界上第一部系统研究古典园林设计建造的巨著——《园冶》。作者在《园冶·自序》中自称："不佞少以绘名，性好搜奇，最喜关仝，荆浩笔意，每宗之。"[5] 关、荆为唐末山水大家，其作雄浑恢弘。计氏在青年时曾"业游"燕楚，以诗人、画家和叠山造园者的身份先后主持、构建了影园、寤园等。其著《园冶》是一部古典文学式的科技著作，对研究中国古代建筑史、园林史、

[1]

藕香榭乃厅堂北半厅，南半厅为锄月轩，厅南隙地叠砌湖石花台，上立石峰，高低错落，种花植树。复因花台东向有梅数十株，故南半厅又称梅花厅。北厅藕香榭前有平台前伸入池河中，以供炎夏赏荷消暑，故又称荷花厅。

[2]

魏嘉瓒. 苏州历代园林录[M]. 燕山出版社，1992：2.

[3]

同上：109.

[4]

同上：201.

[5]

[明] 计成. 园冶[M]. 陈植；注释. 北京：中国建筑工业出版社，1988：42.

美术史、设计史均具有重要的参考价值，是中国古典园林美学思想的重要组成部分。

五、风物

笔者在供职的高校中曾对一年级理工、经济管理、文史等不同大类专业的共30名新生做过一次调查和统计——以"江南"为关键词，从诗词和成语（俗语）、典故、名胜等三个方面，依序列举各5位。统计结果如下：

（1）诗词类：

序号	作者	时代	诗、词名（牌）	人数
1	张继	唐代	枫桥夜泊	28
2	苏轼	北宋	饮湖上初晴后雨	25
3	白居易	唐代	江南好	24
4	王安石	北宋	泊船瓜洲	22
5	辛弃疾	南宋	永遇乐·京口北固亭怀古	17

（2）成语（俗语）典故类：

序号	作者	时代	诗词名（牌）、成语（俗语）	人数
1	范成大	南宋	上有天堂、下有苏杭	26
2	张翰	东晋	莼鲈之思	22
3	唐寅	明代	唐伯虎点秋香	22
4	林逋	南宋	梅妻鹤子	21
5	东林书院	明代	风声雨声读书声，声声入耳 家事国事天下事，事事关心	19

（3）名胜类：

序号	名称	所在地	人数
1	西湖	杭州	30
2	太湖	苏州、无锡、常州、湖州	25
3	苏州园林	苏州	25
4	金山寺	镇江	20
5	淹城	常州	16

上述诗词类调查表里《枫桥夜泊》一诗高居首位。枫桥之所以驰名于世，归根结底在于运河，通航后的枫桥"枕漕河，俯官道，南北舟车所从出"[1]。南舟北车在这里交集，离"天下财货莫盛于苏州，苏州财货莫盛于阊门"的阊门仅数里，又兼运河的要冲，自然成为理想的停憩之所了。该诗问世后，枫桥、寒山寺和江村等便名扬四海，吟咏的诗篇辞章不胜枚举——凡至姑苏之人，都迫切地想到此地体验一番诗情和画意。比如宋代张镃，其《过枫桥寺》"妙绝吾宗有旧题，趁晴径过敢留诗。只消记取今朝景，不是乌啼月落时"的诗句，周弼《寒山枫桥寺》中"不改前朝路，犹闻半夜钟"，陆游《枫桥》'七年不到枫桥寺，客枕依然半夜钟"，还有范成大的《枫桥》、释元肇《枫桥》、

---

[1] ［南宋］范成大.吴郡志［M］.南京：江苏古籍出版社，1999：499.

李鼙《游枫桥寺》和胡珵的《枫桥》……，故宋人汤仲友在《枫桥》一诗中总结道："醉里看题壁，如今张继多。"清顺治十八年（1661），渔洋山人王士禛舟泊枫桥——这位诗坛盟主系扬州推官之职宦游来此访问，前后吟诵了两首绝句。其一是："日暮东塘正落潮，孤篷泊处雨潇潇。疏钟夜火寒山寺，记过吴枫第几桥"；其二曰："枫叶萧条水驿空，离居千里怅难同。十里旧约江南梦，独听寒山半夜钟。"

实际上，枫桥只是一座江南常见的单孔石拱桥。初听桥名以为这里枫树丛植，其实不然[1]。又据《大清一统志》引宋代周遵道《豹隐记谈》曰："（枫桥）旧作封桥，后因唐张继诗相承作枫桥。今天平寺多藏唐人书，背有封桥常住字。"桥名因诗而易字，其诗的艺术魅力、影响之深广亦可见一斑！除上述士大夫缙绅外，尚有韦应物、杜牧、张祜、张孝祥、程师孟、沈石田、文徵明、唐寅、王穉登、朱彝尊、徐崧、孙觌、陈维崧、陈廷桂等名人的诗翰词章，以及晚清俞樾书写的石碑……对此，明初"吴中四杰"之一的高启曾感叹不已："画桥三百映江城，诗里枫桥独有名。几度经过忆张继，乌啼月落又钟声。""诗里枫桥独有名"云云实非虚夸之辞——历代诗人士夫题咏苏州、杭州等地的名胜可谓数不胜数，但以一座构筑物为中心、为主题者，惟其称第一，抑或"独有名"。它不啻已成为梦中江南的一个显著的文化符号、一种人文情结、历史的记忆，和魄萦梦绕的乡愁载体。

金山、北固山、焦山无疑是镇江知名度和美誉度之所在。金山原系长江中的一座岛屿，故唐代张祜咏金山诗曰："树影中流见，钟声两岸闻。"由于水流变迁，金山与南岸遂相连接。山上的金山寺依山而构，构成了绚丽多姿的建筑风貌，素有"寺裹山"之称：慈寿塔、江天一览亭矗立于山巅，留玉阁、大小观音阁环绕山顶。七峰亭、妙高台等连缀山腰，还有天王殿、大雄宝殿旧址、藏经楼等建筑群自山麓起，借助回廊、回檐、石阶的有机串联和转折，形成楼上存楼、楼外有阁、阁中见亭的精妙组合。各组建筑既自成一体，又互相通联。对此，数王安石对金山、寺庙的机枢和地理环境特征的刻画最为贴切："数重楼枕层层石，四壁窗开面面风。忽见鸟飞平地起，始惊身在半空中。"

同为濒江的北固山壁崖陡峭，唐以前的山体似半岛般前伸江中，三面临水。在前、中、后三峰中，东吴铁瓮城及晋唐以后的郡治均于前峰处（即今鼓楼岗），明代因倭寇入侵长江中下游，基于守城遂将前峰和中峰凿断隔开，现北固山通常指的是中峰和后峰。中、后峰间有龙埂相通，后峰临江，有甘露寺，寺前有清晖亭和铁塔，寺后有多景楼和祭江亭，临江石壁下有观音洞以及古代石刻。东北隅的焦山与南岸象山相望对峙，山如砥柱，耸立在滚滚东逝的长江浪涛之中，气势撼人。山中宝墨轩集自

[1]
清人王端履在《重论文摘笔录》中有云："江南临水多植乌桕，秋叶饱霜，鲜红可爱，诗人类指为枫。不知枫生山中，性最恶湿，不能种之江畔也。"

六朝迄明清碑刻260多方，被黄庭坚誉为"大字之祖"的《瘗鹤铭》即是其中的珍品。该铭因石成形，行笔出入篆隶，驾驭方圆，独具匠心，为历代书家所宝重[1]。特殊的地理位置和交通条件，使得历史上许多重要的事件和关挨生发于此，南朝陶弘景、唐代王昌龄、李白、王湾、张祜、李涉、许浑、白居易、杜牧，北宋王安石、苏轼，南宋范成大，元代赵禹圭、明代王守仁，清代查慎行等在此也遗有踪迹和辞章，不过人们更多的还是愿意传诵陆游、辛弃疾、陈亮、文天祥等卫国保家、收复失地的激昂壮烈的气节和事迹。

无锡城西的锡山为主山，惠山系天目山支脉，属于"穹窿背斜"的地质类型——被海水强烈侵蚀的残余部分，和太湖马山同属一山体，锡、惠之胜吸引了历史上众多名士山人。开凿于唐大历年间（774—777）的二泉属裂隙类泉，经松根浸渍，千岩涤滤，甘洌可口。茶圣陆羽曾评鉴惠泉水为天下第二，唐代无锡人李绅称为"人间灵液"，宋徽宗更将其列为贡品，要求"月进百坛"。熙宁七年（1074），大士人苏轼慕名来此造访，写下了著名的诗篇：

踏遍江南南岸山，逢山不觉更留连。
独携天上小团月，来试人间第二泉。
石路萦回九龙脊，水光翻动五湖天。
孙登无语空归去，半岭松风万壑传。[2]

看来，苏子是携带了一种称为"小团月"的茶叶，特来品尝二泉水的。

李绅也曾写过一首《别泉石》的诗赞诵其泉：

"晴沙见底空无色，青石潜流暗有声；微动竹风涵淅沥，细浮松月透轻盈。桂凝秋露添灵液，茗折春芽泛玉英；应是梵居连洞府，浴池今化醴泉清。"

诗前还赋有一小序，曰："惠山书堂前，松竹之下，有泉甘爽，乃人目灵液。清鉴肌骨，漱开神虑，茶得此水，皆尽其味也。"宋高宗南渡时题额"源头活水"，下令建亭护泉。现泉亭墙壁处的题额"天下第二泉"，乃元代赵孟頫所书。其亦曾另撰一诗："南朝古寺惠山前，慕名来寻第二泉。贪恋君恩当北云，野花啼鸟漫留连。"站在"竹炉山房"前的平台上，一幅清幽的山水画长卷映入眼帘：山涧缭绕，澄潭见底，绿树掩映，翠蔓披拂。上处湖石剔透，亭堂斗角。降至明清，此地更是诗人墨客品茗游览和燕集的绝佳去处之一。画家王绂于洪武二十八年（1395）以煮茗待客的竹炉为题作画，名流山人竞相唱酬。王氏因之诗云："寒斋夜不眠，瀹茗坐炉边；伏火煨山栗，敲冰汲涧泉。瓦铛翻白

[1]
南宋曹士冕在《法帖谱系》中赞其为"书法冠冕"，明代复社盟主王世贞在《瘗鹤铭跋》中说它"古拙奇峭，雄伟飞逸，固书家之雄"，清代龚自珍诗云："从今誓学六朝书，不肄山阴肄隐居，万古焦山一痕石，飞升有述此权舆。"

[2]
［宋］苏轼.惠山谒钱道人烹小龙团登绝顶望太湖.

雪，竹膈出青烟；一啜风生腋，俄惊骨已仙！"一百多年后，文徵明于正德十三年（1518）二月二十九清明节与友人蔡羽、汤珍、王守、王宠、潘和甫及弟子朱郎茶会于惠山。兴会所至，挥毫所作《惠山茶会图》（现藏故宫博物院），再现了士人画家竹炉煮茗、茅亭休憩的逸兴和情景。

良好的生态、宜人的人居环境，使许多寓居于此方水土的异乡人深深地眷恋上了江南，乃至终老于斯。请读："人人尽说江南好，游人只合江南老。春水碧于天，画船听雨眠。垆边人似月，皓腕凝霜雪。未老莫还乡，还乡须断肠。"这是五代词人韦庄所作的《菩萨蛮》，他道出了愿将他乡视为故乡的心旌。风物清嘉、物产丰饶的江南与北地终南山一道，成为中国古代士人墨客隐逸文化、归隐田园的代名词。自东晋张翰"莼鲈之思"、归隐吴郡后，江南遂成为士大夫避遁尘世的首选之地，或以退为进，或还乡衣锦。这种人生抉择、生活态度抑或也裹挟着些许无奈、观望或乡愁。无数的异乡客不远千里迁徙于此。北宋梓州人（今四川铜江）苏舜钦偏爱江南，终老苏州。《过苏州》一诗俨然有将失意之怅淡然挥去之意。一代文豪苏轼终生眷念常州、宜兴，一生至常州11次。熙宁六年（1073）任职杭州通判，曾夜宿龙城东郊通济桥畔的船上，赋《除夜野宿常州城外》诗二首，其一诗中的"病眼不眠非守岁，乡音无伴苦思归"流露了诗人欲告退隐居阳羡（今宜兴）的思绪。靖国元年（1101），诗人带病至常州。七月，一代大文豪在孙氏馆与世长辞。

不仅仅是苏、杭，即便蕞尔市镇如青龙镇等也是群贤毕至。湖北人皮日休曾作《沪渎》[1]一诗，描绘了此地渔业繁忙的景象。北宋时曾在此任镇监一职的米芾，还书写了《隆平寺藏经记》，梅尧臣亦曾在此游历，撰写了首部镇志《青龙杂志》。东坡的足履也曾踏遍港镇，与疏浚青龙江的章楶诗词唱酬，写下了《水龙吟·次韵章质夫杨花词》[2]。在苏氏之前的晚唐以及嗣后的南宋、元蒙时期，名动华夏的陆龟蒙、杜牧、白居易、王安石、宋之问、范仲淹、秦观、陆游、赵孟頫等先后至此，吟诗作画，燕集唱酬，或访友驻足于此，留下了脍炙人口的名篇佳作。如白居易《淞江观鱼》、杜牧《吴淞夜泊》、陆龟蒙《松江怀古》，范仲淹《吴淞江渔者》和司马光的《江上渔者》。

沿运集梵宫琳宇和庙会集市为一体，且迄今不衰者大抵有两处：一是原属松江府上海县城的隍庙地区（现豫园商城），二是苏州观前街和玄妙观。前者自明肇始，后者已越千年。从宋人朱长文《吴地记》和清代《百城烟水》中得知，现玄妙观所在地于唐开元间为开元宫，宋大中祥符二年（1009）改名天庆观。后数度毁建，于元贞元年（1295）改称玄妙观。主殿三清殿系南宋淳熙六年（1179）重建，为江南现存最大的宋代木构殿堂。作为道教正一学派的丛林，道徒可在居家设坛、修道、娶家室，也可在斋期外饮酒吃荤。也许恰是此教义的影响，即在

[1]
皮日休《沪渎》诗曰："全吴临巨溟，百里到沪渎。海物竞骈罗，水怪争渗漉。"

[2]
苏轼《水龙吟·次韵章质夫杨花词》："似花还似非花，也无人惜从教坠。抛家傍路，思量却是，无情有思。萦损柔肠，困酣娇眼，欲开还闭。梦随风万里，寻郎去处，又还被、莺呼起。不恨此花飞尽，恨西园、落红难缀。晓来雨过，遗踪何在？一池萍碎。春色三分，三分尘土一分流水。细看来、不是杨花，点点是离人泪。"苏子以次韵之作，在艺术成就上却能超越章氏所唱。初观在吟杨花，细审却处处写人（思妇）；又由物及人，传达出思妇内心伤春、恨别之情，词翰空灵婉转、精妙至极。此词曾被后世誉为"神品"，王国维谓："咏物之词，自以东坡《水龙吟》为最工。"（[清]王国维.人间词话［M］.兰州：兰州大学出版社，2004：49.）

世俗生活中也能追求化生宇宙万物的本源，达到悟道后羽化登仙的目的。因此，与普罗大众的关系就显得更加贴切。玄妙观的香火一直长盛不衰，清代袁景澜曾详细描绘了众人烧香作醮的盛况，不妨读一段：

> 城中元妙观，六月中多醮会，城市村镇，善男信女来进香者，各酿钱为醮分，赴观中作醮，柏烛檀香塞于路。道流建坛，陈绣幡法器，香花供奉，服金绣法衣，临坛礼忏，笙铃钟磬，琅然韵合，彬如也，秩如也。至第三日，剪纸为符官仙鹤，奉黄疏焚于弥罗宝阁下。醮毕，厨下备素斋款诸香客。买观场耍货，若泥孩、纸虎、摇鼓、不倒翁之类，实以筠篮，分赠诸客。而香会之盛，则独推雷殿。逢二十四日诞辰，则腊炬山堆，香烟雾涌，汗雨袂云，充积殿宇。庙祝点烛之贽，日计万钱。伶人舁老郎神像，入观监斋，卤簿仪丛，皆梨园子弟所充。羽流讽咏洞章，拜表焚疏，严肃整齐，不容稍息，香火弥月，炉鼎为之纯赤也。[1]

道教中的祓禳、日醮，系僧道设坛祈祷的形式。乡镇男女至此作醮会，旨在荡涤旧恶而举行的一种仪式——设坛唱经、剪纸焚香达三日之久，以示净化灵魂愿望的诚挚。久而久之，这里便演变成了大众祝釐祈祷的重要场所。人们祈禳祝祷后便去消费、消遣和采购物品。玄妙观也因之日趋世俗化，直至观、街融合，形成了民俗汇聚的商肆中心，一个极具市民生活意味和世情的环境，尤其在春节期间，高潮迭现，袁氏在"城内新年节景"中叙述颇详：

城中圆妙观为游人争集。观左右门名吉祥、如意。郡人走此二门，以取新年吉谶。……卖设色年版画片者聚三清殿，乡人争买芒种春牛图。观内广场，五方群估丛萃，支布幕为庐，鬻糖饵食物、琐屑玩具、橄榄果品。杂耍诸戏，各奏其技，以资谋食。如绳伎走索、狡童缘橦、舞盆飞水、吞刀蹑跷、傀儡牵丝、猴猱演剧，或隔帷象声、围场扑打、盲叟弹词。老僧因果、曲号摊簧、技传测字，凡医卜星相之流，靡不毕至，以售其艺。贵贱相还，贫富相贸易，人物齐矣。更有地铃、丝鹞、太平萧、西洋镜诸玩具，以玻璃瓶盛朱鱼，转侧其影，大小俄变。有衔而嘘吸者，大声咬哇，小声啨嘒，曰哔嘒，以悦儿童。妇女之容饰妖邪者，游人环集之，谓之打围。[2]

这是一幅堪与宋代《清明上河图》和清代《姑苏繁华图》等展现世貌风情相媲美的风俗画卷，文字淋漓尽致地呈现了晚清苏州市中心在春节期间的世俗大观。也不难看出，道

[1] ［清］袁景澜.吴郡岁华纪丽［M］.南京：江苏古籍出版社，1998：226.

[2] 同上：14—15.

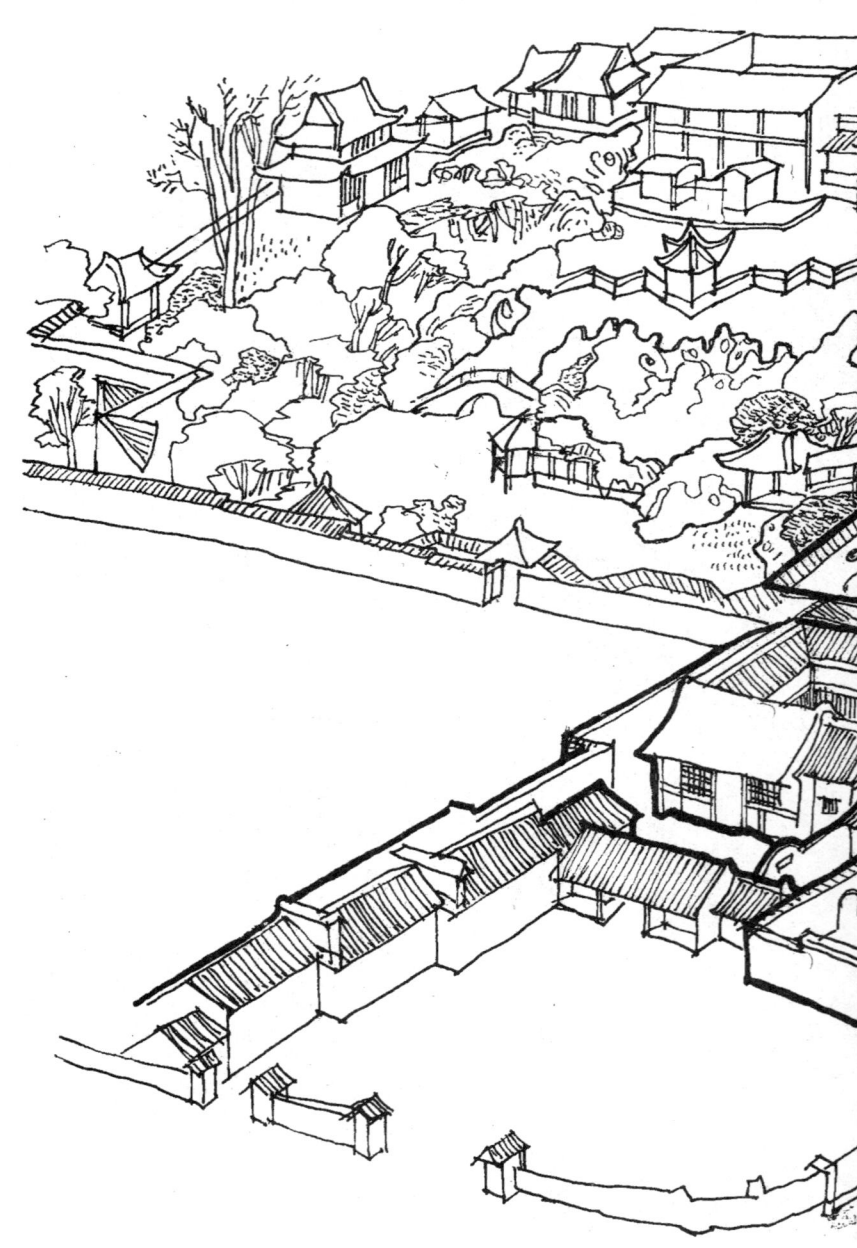

苏州市姑苏区狮子林鸟瞰图

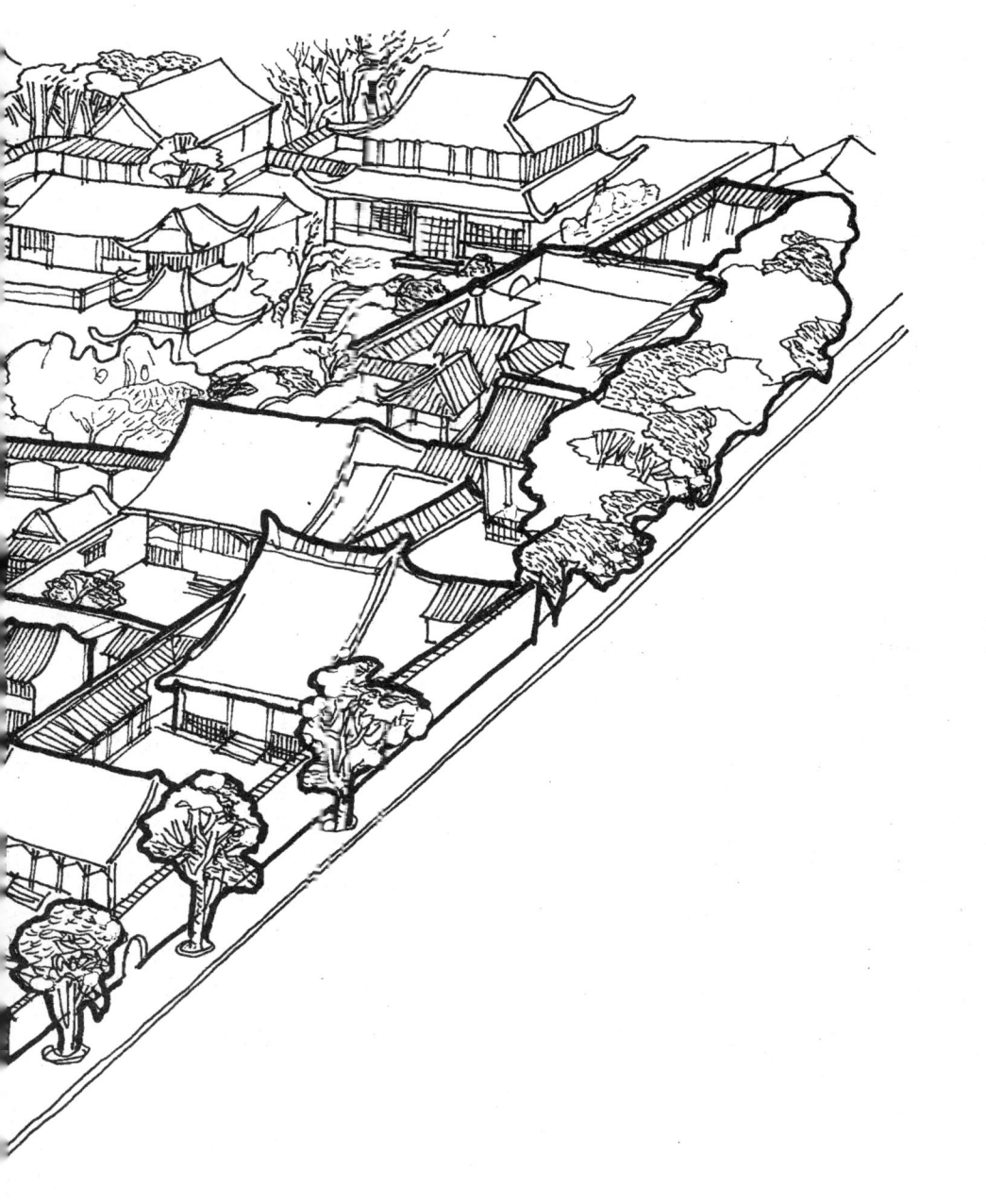

教丛林似乎无法避免这种世俗生活的侵扰，否则，也就不会拥有如此庞大的信徒群体。事实上，宗教力量也会产生消弭的可能性——也许，商业、市俗与宗教场所的融合也不失为一种各臻其美、美美与共的模式。

吴中还有"三市三会"的沿袭，即清明、七月半、十月朝为三市会；春为牡丹市、夏为乘凉会、秋为木樨市。昔时虎丘、山塘一带花店相接：绿水桥西的马营弄为一片花圃，斟酌桥花园弄口则为花卉市场……形成了"七里山塘花市环"的市场格局。《桐桥倚棹录》中如此记载花市的盛景，曰："每晨晓鸦未啼，乡间花农各以其所艺花果，肩挑筐负而出，坌集于场。先有贩儿以及花树店人择其佳种，鬻之以求善价；馀则花园子人自担于城，半皆遗红剩绿。"整个山塘则是"红红白白满桐桥"[1]。如果说山塘重在市场和交易的话，那么，虎丘则以"四时花"享誉遐迩。清何桂馨在题《清嘉录》第一首末句的诗句用"一种生涯天下绝，虎丘不断四时花"来赞誉其花事。

虎丘山寺东南缘的花神庙内长年祭祀清代花匠陈维秀。据《花神庙记》载："乾隆庚子春高宗南巡，台使者檄取'唐花'备进，吴市莫测其术。郡人陈维秀善植花木，得众卉性，乃仿燕京窖熏花法为之，花乃大盛。甲辰岁翠华六幸江南，进唐花如前例。繁葩异艳，四时花果，靡不争奇吐馥，群效灵于一月之前，以奉宸游……"原来陈氏运用的是"保鲜法"，使花在一月份绽放。此情在《清嘉录》援引周密《癸辛杂识》中亦有叙述[2]。实际上，虎丘花事较之北地如洛阳牡丹、扬州琼花，南方四季如春之漳州、广州等地并无优势，然而因为运用了保鲜术,却能使花卉根据时令节气盛开,这在当时确为"创新"之举,也为花农创造了实际的效益,人们居家室内陈设的品类也更趋丰富。自此,"冬末春初,虎丘花肆能发非时之品,如牡丹、碧桃、玉兰、梅花、水仙之类,共居人新年陈设"[3]。以至于形成"四面青山耕织少,一年衣食在花开"的情形。除了供本埠消费之外,花市还面向外境,形成跨省跨境的交易市场,诚如蒋宝龄在《吴门竹枝词》中说的那般:"蘋末风微六月凉,画船衔尾泊山塘。广南花到江南卖,帘内珠兰茉莉香。"

江南虽以柔媚和秀丽闻名于世,却也不乏慷慨壮烈之士。西湖畔的岳飞墓、张苍水墓、于谦墓和秋瑾墓,为景色如画的西子湖平添了一股浩然正气。虽然他们并非全是杭州人、江南人,但民众景仰英雄,悉心呵护其坟茔。历史上,江南历史上也不缺乏刚正英烈之士——苏州山塘葛贤和五人、无锡东林党人反抗阉党专政等,便是义薄云天的壮举。明万历朝的横征暴敛激起了民众极大的愤慨,亦即"吴人罢市,行路皆哭"。昆山人葛贤率丝绸工人集会抗

[1]
[清]顾禄.桐桥倚棹录[M].上海:上海古籍出版社,1980:167.

[2]
《清嘉录》中引《癸辛杂识》云:"以纸密室,凿地作坎,缠竹置花其上,粪土以牛溲、硫磺,尽培溉之功,然后置沸汤于坎中,候汤气薰蒸,则扇之微风。经宿,则花放矣。"([清]顾禄.清嘉录[M].南京:江苏古籍出版社,1986:162.)

[3]
同上:161.

议，却被清廷处刑狱 13 年——其行业和命运在民间激起了强烈的反响，长年僻居于三峰九泖的松江名士陈继儒一反平素的隐逸姿态，在葛殁后撰写了《葛将军墓碑记》，并赋诗《题葛贤墓》。还有苏州士民颜佩韦等五人，为反击阉党魏忠贤爪牙迫害东林党人周顺昌、黄尊素等，率众冲杀官府，英勇就义。随着崇祯即任、魏党失势，苏州人连夜拆毁普惠生祠，在废基上建起五人墓。太仓人张溥怀着激动而崇敬的心情，追述了苏州市民和阉党的这场英勇斗争，撰写了著名的《五人墓碑记》，对颜佩韦等五人激昂大义、临死不惧的牺牲精神给予了高度赞扬。五人虽死，其功不没，其名不朽。江南人的阳刚侧面，在葛贤、五义士的壮举中得到了集中体现。故诗人尤维熊赞曰："五人墓前流水长，饮他一勺味犹香。自从倾入闲脂粉，荡尽吴儿侠烈肠。"

第三章 / 诗画运河

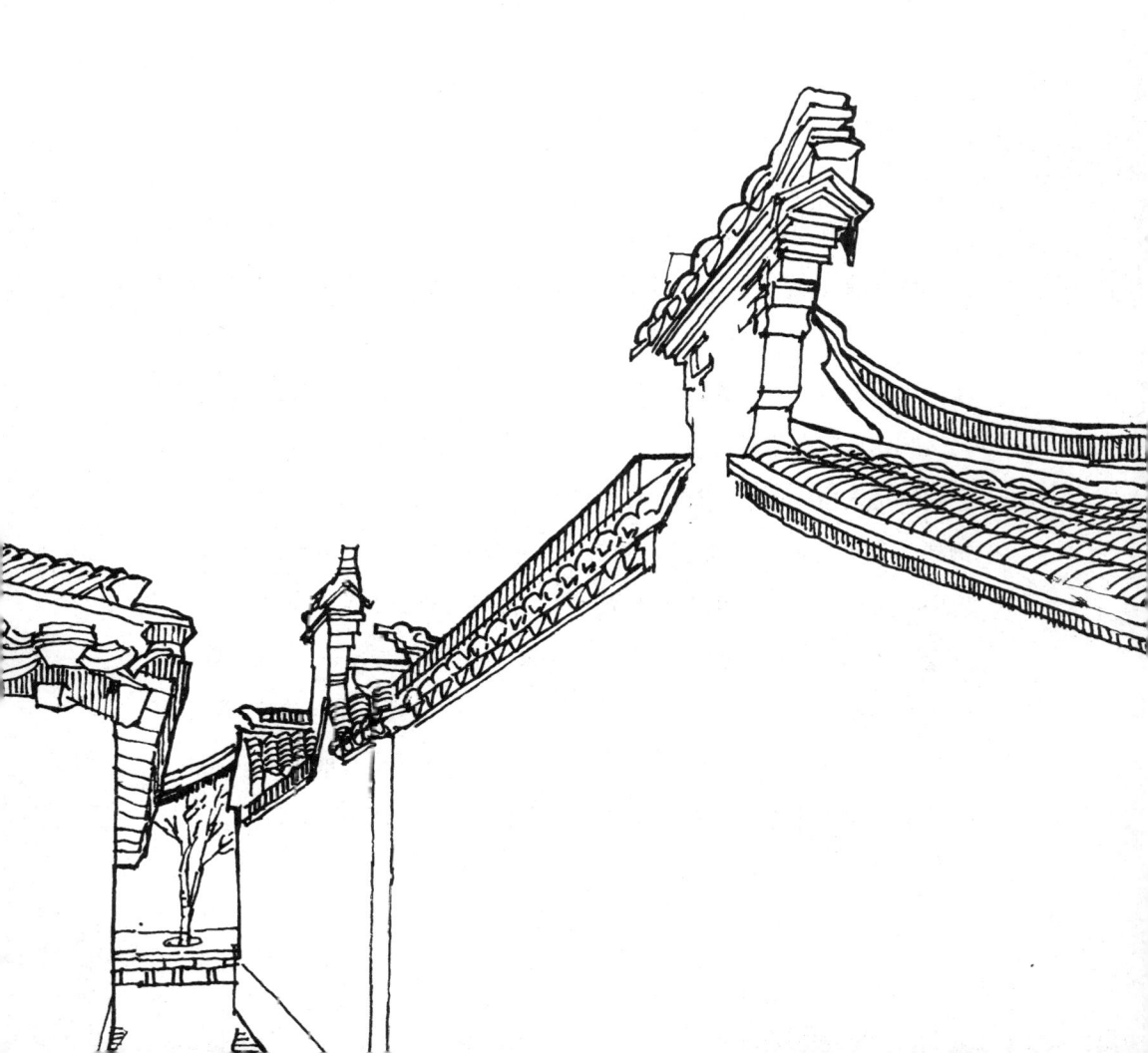

本章以五节篇幅，分别从唐宋诗词、散文小品、明清图像、弦韵昆腔和社团文集五个维度，从最具中国文化特色和传统精蕴的诗（词）、书（文）、画、琴、曲五个方面，撷取具有代表性的讴歌、吟诵和描绘、演绎人间天堂的生态世相、人居环境、尘世逸境、风土人情、商旅市集乃至胸中丘壑、精神追求，一窥士夫山人的心路历程、高蹈情操、生活逸趣和审美格调，以及忧乐天下的社稷之志、民生之心和爱国之情。诗词部分自唐迄宋，以描述和寄情运河及相关为主题，领略繁采之唐诗、思理之宋诗和豪放、婉约等宋词诸派的丽珠光辉；散文小品约取明代及其余绪清初共两代名家的小品和笔记散文，赏析和领略其细致入微、独辟蹊径观察世相风情和踏察、游览运河、托体于情感而非智性的精篇华章；图像部分涵括绘画、书籍刻本和独幅版画三类。前者以吴门、松江、娄东和虞山派南宗诸派（家）丹青和盛名远扬的风俗画为主；刻本侧重于苏、杭、常、湖州等都市坊刻中心所镌的精品杰作；独幅版画以桃花坞年画为中心。名列传统琴、棋、书、画四艺之首的抚琴艺术，是为"正人心"的载体，君子的高洁化身，言志和养心并具，深为士人宝重。南山（镇江）、杭州、梁溪（无锡）琴派的清婉黜俗，聚焦"以雅音为正"的常熟（虞山）琴川派，还有充分反映士大夫生活情趣和素有百戏之祖美誉的昆曲，以及社团文集活动等。

一、唐宋诗词

风物清嘉、景色旖旎的江南历来为士大夫和山人墨客穷年累月、咏诵无尽的载体和对象。持续地开凿和整饬运河一方面促进了都市和乡镇经济社会的演进和发展，另一方面也方便了区域内外人群间的交往活动。唐宋时期士夫缙绅们徜徉在山水城乡间，在饱览秀美景色、体察民意社情之际，纷纷以生花之妙笔，留下了不胜枚举的诗篇词翰。南宋鄱阳（今江西波阳）人姜夔（1155—约1221），一生怀才未仕，往来于苏、浙、皖、赣、鄂诸地之间。绍熙二年（1191）冬他冒雪从吴兴（今湖州）至苏州石湖访谒范成大，盘桓月余后于除夕乘船沿运返回，将归途中的所见所感写成十首绝句，请读《除夜自石湖归苕溪》组诗中的三、七首：

黄帽传呼睡不成，投篙细细激流冰。
分明旧泊江南岸，舟尾春风飐客灯。

笠泽茫茫雁影微，玉峰重叠护云衣。

长桥寂寞春寒夜，只有诗人一舸归。

第三首写深夜行舟，别有会心地感觉到春意的来临。第七首写夜渡运河、太湖和垂虹桥，船过吴江段折向太湖南缘直至湖州。全诗运思高妙，清新别致。而在同时所作的《过垂虹》一诗，则洋溢着欢乐的心情："自作新词韵最娇，小红低唱我吹箫。曲终过尽松陵路，回首烟波十四桥。"苏州—吴江间是江南运河的精华区段，这里堤岸齐整，景色平远。作者后于庆元二年（1196）与友人自德清赴无锡途经吴松（今吴江）时，忆及五年前除夕返归吴兴的情景，怅然有感，在《庆宫春》词中写道："绍熙辛亥除夕，余别石湖归吴兴，雪后夜过垂虹，尝赋诗云……后五年冬，复与俞商卿、张平甫、铦朴翁自封禺同载，诣梁溪。道经吴松，山寒天迥，云浪四合，中夕相呼步垂虹，星斗下垂，错杂渔火，朔吹凛凛，卮酒不能支。朴翁以衾自缠，犹相与行吟，因赋此阕。盖过旬，涂稿乃定。朴翁咎余无益，然意所耽，不能自已也。平甫、商卿、朴翁皆工于诗，所出奇诡，余亦强追逐之。此行既归，各得五十馀解。"

双桨莼波，一蓑松雨，暮愁渐满空阔。呼我盟鸥，翩翩欲下，背人还过木末。那回归去，荡云雪、孤舟夜发。伤心重见，依约眉山，黛痕低压。　　采香径里春寒，老子婆娑，自歌谁答？垂虹西望，飘然引去，此兴平生难遏。酒醒波远，正凝想、明珰素袜。如今安在？惟有栏杆，伴人一霎[1]。

德清至无锡的航路系运河的西线——自杭州、塘栖、新市、双林、南浔、震泽、黎里、平望、松陵、盘门、枫桥、浒墅到无锡，曾经这条航线的还有阳羡人蒋捷。其词《一剪梅》舟过吴江，朗朗上口，传播久远：

一片春愁待酒浇。江上舟摇，楼上帘招。秋娘渡与泰娘桥，风又飘飘，雨又萧萧。 何日归家洗客袍？银字笙调，心字香烧。流光容易把人抛，红了樱桃，绿了芭蕉。

蒋词抒发了伤春情感和久客异乡的思归之情，慨叹光阴荏苒、岁月如流而人生短暂。词句以樱桃、蕉叶的色彩变化来反衬时光的消逝，将抽象之事理形象化，给人以深刻印象。寓居苏州的陆龟蒙偏爱太湖流域乡村宁静和恬淡的生活，在描写农家风光时用"桑柘含疏烟，处处倚蚕箔"[2]之句概括了如画的景色和农户生产、生活的特点。与之仿佛的是南

[1] 姜氏可能是唐宋诗（词）人中往来江南运河间最多的人之一。早在淳熙十四年（1187），他从吴兴赴苏访友时就有怀古词作，请看《点绛唇·丁未冬过吴松作》："燕雁无心，太湖西畔随云去。数峰清苦，商略黄昏雨。 第四桥边，拟共天随住。今何许？凭栏怀古，残柳参差舞。"

[2] ［唐］陆龟蒙.奉和袭美太湖诗二十首·崦里.

唐李中的《村行》一诗，诗中用"极目青青垄麦齐，野塘波阔下凫鹭"[1]的诗句，细致而传神地勾勒出一幅水乡农村郁郁葱葱、生机盎然的景象。还有南宋余杭人虞似良的一首《横溪堂春晓》诗，将江南农村在播种的季节、环境、农夫、春雨等描写得动静相生，色彩鲜丽，生动而传神：

一把青秧趁手青，轻烟漠漠雨冥冥。
东风染尽三千顷，白鹭飞来无处停。

钱塘女诗（词）人朱淑真的《东马塍》，着力描写了春日宋代杭州的农村风光："一塍芳草碧芊芊，活水穿花暗护田。蚕事正忙农事急，不知春色为谁妍？"诗人通过碧草、绿田、活水、鲜花等自然景象的刻画，呈现出一幅妍丽的郊外春光图。若论宋代田园的描写，无疑以范成大（1126—1193）的成就最为突出。其诗《横塘》既吟咏了水乡的景色，惜别之情亦巧妙地融入了其间。代表作《四时田园杂兴》系作者晚年退居故里石湖时写就的大型田园组诗。原诗共六十首，前有序云："淳熙丙午（淳熙十三年，1186年），沉疴少纾，复至石湖归隐，野外即事，辄书一绝，终岁得六十篇，号《四时田园杂兴》。"可见组诗是在一年中陆续写成的。第二、三十一、三十五、四十四首是组诗中最享有盛名的四首[2]。

相较于唐代皮日休、陆龟蒙等留连江南的洒脱，钱塘（今杭州）人林逋（967—1028）的归隐之心似乎更为决绝。他僻居于西湖孤山一隅，终身不仕不娶，惟喜种梅养鹤，人称"梅妻鹤子"。其《山园小梅》诗曰："众芳摇落独暄妍，占尽风情向小园。疏影横斜水清浅，暗香浮动月黄昏。霜禽欲下先偷眼，粉蝶如知合断魂。幸有微吟可相狎，不须檀板共金尊。"诗虽咏梅，实则作者孤高绝俗之人格的真实写照，故苏轼在《书林逋诗后》中说："先生可是绝伦人，神清骨冷无尘俗。"苏的《饮湖上初晴后雨二首》（诗其二）庶几成为西湖的千古绝唱。自白居易、林逋、苏轼后，吟咏杭州的诗词不计其数。如陆游的《临安春雨初霁》诗："世味年来薄似纱，谁令骑马客京华？小楼一夜听春雨，深巷明朝卖杏花。矮纸斜行闲作草，晴窗细乳戏分茶。素衣莫起风尘叹，犹及清明可到家。"姜夔诗《湖上寓居杂咏》（十四首选一）："湖上风恬月淡时，卧看云影入玻璃。轻舟忽向窗边过，摇动青芦一两枝。"

人间天堂的精华所在，首推西湖。对此，南宋吴自牧的说法最为通晓："大抵杭州胜景，全在西湖，他郡无此。"[3]同样赞颂西湖，柳永笔下的《望海潮》中却呈现出另外一番景象：

---

[1]
[南唐]李中. 村行.

---

[2]
范成大：《四时田园杂兴》"土膏欲动雨频催，万草千花一饷开。舍后荒畦犹绿秀，邻家鞭笋过墙来。"（二）"昼出耘田夜绩麻，村庄儿女各当家。童孙未解供耕织，也傍桑阴学种瓜。"（三十一）"采菱辛苦废犁锄，血指流丹鬼质枯。无力买田聊种水，近来湖面亦收租。"（三十五）"新筑场泥镜面平，家家打稻趁霜晴。笑歌声里轻雷动，一夜连枷响到明。"（四十四）.

---

[3]
[南宋]吴自牧. 梦梁录[M]. 济南：山东友谊出版社，2001：211.

东南形胜，三吴都会，钱塘自古繁华。烟柳画桥，风帘翠幕，参差十万人家。云树绕堤沙，怒涛卷霜雪，天堑无涯。市列珠玑，户盈罗绮，竞豪奢。　　重湖叠巘清嘉。有三秋桂子，十里荷花。羌管弄晴，菱歌泛夜，嬉嬉钓叟莲娃。千骑拥高牙，乘醉听箫鼓，吟赏烟霞。异日图将好景，归去凤池夸。

除了描写西湖之外，还有不少讴歌钱塘江的诗作。如李觏（1009—1059）的《忆钱塘江》诗便是其中之一："当年乘醉举归帆，隐隐前山日半衔。好是满江涵返照，水仙齐著淡红衫。"周密（1232—1298）的《闻鹊喜·吴山观涛》一词也颇具特色："天水碧，染就一江秋色。鳌戴雪山龙起蛰，快风吹海立。数点烟鬟青滴，一杼霞绡红湿，白鸟明边帆影直，隔江闻夜笛。"

与林升《题临安邸》一诗有感于南宋苟安江南相似的是，文及翁在《贺新郎·游西湖有感》词中也抒发了忧国伤时的慨叹。还有辛弃疾于开禧元年（1205）在镇江知府任上写就的《永遇乐·京口北固亭怀古》，直抒胸臆，更是表达了对中原沦陷民众的怀念和怀师北伐的热望，抒发了壮志难酬的悲愤激情：

千古江山，英雄无觅，孙仲谋处。舞榭歌台，风流总被、雨打风吹去。斜阳草树，寻常巷陌，人道寄奴曾住。想当年，金戈铁马，气吞万里如虎。　　元嘉草草，封狼居胥，赢得仓皇北顾。四十三年，望中犹记、烽火扬州路。可堪回首、佛狸祠下，一片神鸦社鼓。凭谁问,廉颇老矣,尚能饭否?

在同年、同地,辛氏还写了《南乡子·登京口北固亭有怀》一词[1]。这两首不仅是宋词中的珍品,而且也增色北固,可谓山因词名,词以山传。另一位爱国主义诗人陆游的诗词抒发着雄浑豪放的战士情怀和爱国精神。隆兴二年(1164),时任镇江通判的陆游在北固山多景楼上针对当时宋金的对峙,感慨万分,挥笔写就《水调歌头·多景楼》一词[2]。登临多景楼而感怀不已的还有陈亮,《念奴娇·登多景楼》是作者于孝宗淳熙十五年(1188)至长江沿岸京口、建康观察形势后上书孝宗,重申北伐的主张,此词即为视察京口时所作:

危楼还望,叹此意,今古几人曾会?鬼没神施,浑认作,天限南疆北界。一水横陈,连冈三面,做出争雄势。六朝何事,只成门户私计?

因笑王谢诸人,登高怀远,也学英雄涕。凭却江山管不到,河洛腥膻无际。正

[1]
辛弃疾词《南乡子·登京口北固亭有怀》:"何处望神州?满眼风光北固楼。千古兴亡多少事?悠悠,不尽长江滚滚流!年少万兜鍪,坐断东南战未休。天下英雄谁敌手?曹刘。生子当如孙仲谋。"

[2]
陆游词《水调歌头·多景楼》:"江左占形胜,最数古徐州。连山如画,佳处缥缈著危楼。鼓角临风悲壮,烽火连空明灭,往事忆孙刘。千里曜戈甲,万灶宿貔貅。露沾草,风落木,岁方秋。使君宏放,谈笑洗尽古今愁。不见襄阳登览,磨灭游人无数,遗恨黯难收。叔子独千载,名与汉江流。"

好长驱，不须反顾，寻取中流誓。小儿破贼，誓成宁问强对！

上片分析京口形势，将其地理格局、战略地位用"一水横陈，连冈三面，做出争雄势"句，描写得十分雄伟。此地恰是志士争雄建业、北进中原的有利地形，然后借六朝偏安、凭江天险守私的历史教训，借古喻今。下片首写东晋士大夫只知新亭对泣，不顾江山。遂讽劝朝廷应长驱北伐，以祖逖击楫中流之誓，决不反顾，显示出作者誓死抗击金人、收复失地的决心、勇气和气概。此外，还有力主抗金张元干慷慨悲凉的《石州慢·己酉秋吴兴舟中作》词，尤其下片，依次写中原战乱、逆胡猖獗等令人悲恸的往事以及欲抗击敌人进攻、洗涤中原血腥的强烈愿望，以及为二帝蒙尘、国势危殆而生发的忧虑悲愤之情[1]。

二、散文小品

明代文学的发展历经起伏开阖，主体仍以蹈袭复古之路为要：无论是明初杨维桢力倡"非先秦两汉弗之学"[2]，成化、弘治间李东阳的宗唐崇杜，抑或弘治、万历年间李梦阳、何景明等"前七子"的"文称左迁，赋尚屈宋，古诗体尚汉魏，近律则法李杜"[3]，还是嘉靖中李攀龙、王世贞等"后七子"主张的"文必西汉，诗必盛唐，大历以后书勿读"[4]——"前后七子"鼓吹的文学复古运动自弘治始持续竟达百年之久。万历后反对拟古主义的李贽、归有光、公安三袁（袁宗道、袁宏道、袁中道）等反其道而行之，其散文以抒情小品、游记和尺牍著称。

经"公安"、"竟陵"两派的深索和鼓吹，异彩纷呈，别出机杼。

"小品"一词本为佛门用语，自译经而来，详译或全译的大著经文称"大品"，节译或原本短小者为"小品"。移植为文学中的文体名称约始于明万历年间。明中晚期的山水小品成就突出，不仅出现了王士性、徐霞客两位伟大的地理学家，还有如陈第、乔宇、袁宏道、王思任、张岱等一批性好山水的士大夫和山人，他们以清新和流畅的文笔，描绘了包括江南运河在内的自然风光、山川美景，也表露了他们的真情、实感、个性和态度。万历间礼部尚书陆树声辞归华亭（今上海市松江区）后，隐居于九峰一带。在《嘉树林小序》一文中，他描写了天马山之东钟贾山麓的两株桧树："予自甲辰（嘉靖二十三年，1544年）六月，由天马峰步入此山，见山箂蓊郁，群木森拱。而二木挺特，不著枝叶，而缕理纠结，势复棱棱如神仙蜕骨，当是数百年前物也。"[5] 从陆文中看，昔时山麓的树林竹繁林茂，古老的垂丝桧屹立于平畴绿野之间，作者游览时仍然虬枝峭拔。

江南虽无峻岭高山，但苏之虎丘、光福，

---

[1]
《石州慢·己酉秋吴兴舟中作》："雨急云飞，惊散暮鸦，微弄凉月。谁家疏柳低迷，几点流萤明灭。夜帆风驶，满湖烟水苍茫，菰蒲零乱秋声咽。梦断酒醒时，倚危樯清绝。　心折。长庚光怒，群盗纵横，逆胡猖獗。欲挽天河，一洗中原膏血。两宫何处？塞垣只隔长江，唾壶空击悲歌缺。万里想龙沙，泣孤臣吴越。"

---

[2]
［明］宋濂.杨氏墓志铭.

---

[3]
［明］李贽.续藏书·何景明传.

---

[4]
［清］张廷玉.明史（卷二八七）·王世贞传.

---

[5]
［明］陆树声.嘉树林小序//陈士彪.明清闲情小品赏析·山水人物［M］.上海：上海书店出版社，2001：38.

杭之孤山、飞来峰等却享誉遐迩。袁宏道在苏州吴县任上的两年间遍览吴中名胜,其中"登虎丘者六"。其游记开篇便交代了虎丘的地理位置和行人如织的缘由:"虎丘去城可七八里,其山无高岩邃壑,独以近城故,箫鼓楼船,无日无之。"[1]但是在月夜、花晨、雪夕和中秋之际,便呈现游人如织的景象:"每至是日,倾城阖户,连臂而至,衣冠士女,下迨蔀屋,莫不靓妆丽服,重茵累席,置酒交衢间。从千人石上至山门,栉比如鳞,檀板丘积,樽罍云泻,远而望之,如雁落平沙,霞铺江上,雷辊电霍,无得而状。"[2]作者以简炼之笔写尽了虎丘诸景的特征:"剑泉深不可测,飞岩如削。千顷云得天池诸山作案,峦壑竞秀,最可觞客。但过午则日光射人,不堪久坐耳。文昌阁亦佳,晚树尤可观。……"[3]笔端的洞庭西山、天池山等,亦精妙动人,请读:

　　西洞庭之山,高为缥缈,怪为石公,巉为大小龙,幽为林屋,此山之胜也。石公之石,丹梯翠屏;林屋之石,怒虎伏群;龙山之石,吞波吐浪。此石之胜也。隐卜龙洞,市居消夏,此居之胜也。涵村梅,后堡樱,东邨橘,天王寺橙,杨梅早熟,枇杷再接,桃有四勔之号,梨著大柄之称,此花果之胜也。杜圻传范蠡之宅,甪里有先生之邨,龙洞筑易、老之室,此幽隐之胜也。洞天第九,一穴三门,金庭玉柱之灵,石室银户之迹,此仙迹之胜也。山色七十二,湖光三万六,层峦叠嶂,出没翠涛,弥天放白,拔地插青,此山水相得之胜也。……余居山凡两日,篮舆行绿树中,碧萝垂幄,苍枝掩径,坐则青山列屏,立则湖水献玉。一峦一壑,可列名山,败址

残石，堪入图画。天下之观止此矣……[4]

从贺九岭而进，别是一洞天。峭壁削成，车不得方轨，飞楼跨之，舆骑从楼下度。踰岭而西，平畴广野，与青峦紫逻相映发。时方春仲，晚梅未尽谢，花片沾衣，香雾霏霏，弥漫十余里，一望皓白，若残雪在枝。奇石虤卉，间一点缀，青篁翠柏，参差而出，种种夺目，无暇记忆。……天池在山半，方可数十余丈，其泉玉色，横浸山腹。山巅有石如莲花瓣，翠蕊摇空，鲜芳可爱……[5]

长期寓居于嘉定南翔镇的徽人李流芳（1575—1629），在《游虎丘小记》中则如此记叙道："虎丘，中秋游者尤盛。士女倾城而往，笙歌笑语，填山沸林，终夜不绝，遂使丘壑化为酒场，秽杂可恨。予初十日到郡，连夜游虎丘。月色甚美，游人尚稀，风亭月榭，间以红粉，笙歌一两队点缀，亦复不恶。然终不若山空人静，独往会心。尝秋夜与弱生坐钓月矶，昏黑无往来，时闻风铎，及佛灯隐现林杪而已。又今年春中，与无际舍侄偕访仲和于此。夜半，月出无人，相

[1] ［明］袁宏道.虎丘//袁宏道集笺校[M].钱伯城,笺校.上海：上海古籍出版社,1981：157.

[2] 同上.

[3] 同上.

[4] 袁宏道.西洞庭//袁宏道集笺校[M].钱伯城,笺校.上海：上海古籍出版社,1981：161—162.

[5] 袁宏道.天池//袁宏道集笺校[M].钱伯城,笺校.上海：上海古籍出版社,1981：172.

与趺坐石台，不复饮酒，亦不复谈，以静意对之，觉悠然欲与清景俱佳也。生平过虎丘，才两度见虎丘本色耳。"[1] 在《江南卧游册题词》中的《虎丘》一文中，他言简意赅地表明了对虎丘的审美和观赏取向："虎丘宜月，宜雪，宜雨，宜春晓，宜夏，宜秋爽，宜落木，宜夕阳，无所不宜，而独不宜于游人杂沓之时。"[2] 归有光则将姑苏城外的山水胜形一一罗列在《吴山图记》中，这些自然胜景宛如绿色屏障或翠珠，环伺和点缀在古城的西南隅，给人以寻幽的雅趣和无限的遐思："郡西诸山，皆在吴县。其最高者，穹窿、阳山、邓尉、西脊、铜井；而灵岩，吴之故宫在焉，尚有西子之遗迹。若虎丘、剑池及天平、尚方、支硎，皆胜地也。而太湖汪洋三万六千顷，七十二峰沉浸其间，则海内之奇观矣。"[3]

西南诸峰间的姑苏台建筑据传系吴王夫差和西施的别宫，曾吸引了无数士人墨客的凭吊和访问——李白在此留下了《苏台览古》《乌栖曲》，陆广微有《吴地记》，还有司马迁、崔颢、皮日休……翻检明清游记，似以康熙间苏州巡抚宋荦的《游姑苏台记》所述最为真切和出色：

山高尚不敌虎丘，望之，仅一荒阜耳。舍舟，乘竹舆，缘山麓而东。稍见村落，竹树森蔚，稻畦相错如绣。山腰小赤壁，水石颇幽，仿佛虎丘剑池。夹道穉松丛棘，詹葡点缀其间，如残雪。香气扑鼻……陟其巅，黄沙平衍，南北十余丈，阔数丈，相传即胥台故址也，颇讶不逮所闻……环望穹窿、灵台、高峰、尧峰诸山，一一献奇于台之左右。而霸业销沉，美人黄土，欲问夫差之遗迹，而山中人无能言之者，不禁三叹。[4]

正如范成大所谓的"天上天堂，地上苏杭"，杭州的名胜历来为世人所向往。袁宏道笔下灵隐寺前的飞来峰气势跌宕，神态呼之欲出："湖上诸峰，当以飞来为第一。高不馀数十丈，而苍翠玉立，渴虎奔猊，不足为其怒也。神呼鬼立，不足为其怪也。秋水暮烟，不足为其色也。颠书（唐张旭草书）吴画（唐吴道子绘画），不足为其变幻诘曲也。石上多异木，不假土壤，根生石外。前后大小洞四五，窈窕通明，溜乳作花，若刻若镂。壁间佛像，皆杨秃（元代杨琏真迦）所为，如美人面上瘢痕，奇丑可厌。……"[5]西湖吸引着无数人的留恋和陶醉，自然也包括浙省的地理学家王士性。如果说徐霞客偏于自然地理考察的话，那么，王氏则侧重于人文地理方面的观察和研究。有明一代，旅游虽蔚然成风，但绝非人人都是地理学家；抑或观察相同的世相风情，但是所获得的收获和结果却并不一样。除了《广志绎》这一杰出的地理著作外，王氏还撰有《五岳游草》。且看《游武林湖山六记》中一段关于西湖的描写：

……临安胜以西湖为最，白傅之函，

[1] 萧元.明清闲情美文[M].长沙：湖南文艺出版社，1993：214.

[2] 严昌.历代文化名人笔下的山水楼亭[M].海口：南方出版社，1999：22.

[3] 归有光.吴山图记//归有光散文选集[M].天津：百花文艺出版社，2009：149—150.

[4] 宋荦.游姑苏台记//何香久.中国历代名家散文大系[M].北京：人民日报出版社，1999：242—243.

[5] ［明］袁宏道.飞来峰//袁宏道集笺校[M].钱伯城，笺校.上海：上海古籍出版社，1981：428.

苏公之堤，唐、宋以前夫非潴溉地耶？南渡后，山有塔院，岸有亭台，堤有花木，水有舸舫，阴晴不问，士女为群，猗与白云之乡，遂专为歌舞之场矣。……泊乎宦游于四方，几三十年，出必假道，过必浪游，晴雨雪月，无不宜者。语云人知其乐，而不知其所以乐也，余则能言，请尝试之。当其暖风徐来，澄波如玉，桃柳满堤，丹青眩目，妖童艳姬，声色沓陈，尔我相觑，不避游人。余时把酒临风，其喜则洋洋然，故曰宜晴。及夫白云出岫，山雨满楼，红裙不来，绿衣佐酒，推蓬烟里，忽遇孤舟，有叟披蓑，钓得艖头，余俟酒醒，山青则归，雨细风斜则否，故曰宜雨。抑或琼岛银河，枯槎路迷，山树转处，半露楼台，天风吹雪，堕我酒杯，偶过孤山，疑为落梅，余时四顾无人，则浮大白（满载杯酒）和雪咽之，向逋仙（林逋）墓而吊焉，故曰宜雪。若其晴空万里，朗月照人，《秋风》《白苎》（秋风为汉武帝作《秋风辞》，《白苎》系乐府吴舞曲名），露下满襟，离鸿惊起，疏钟清听，有客酹客，无客顾影，此于湖心亭佳，而散步六桥，兴复不减，故曰宜月。……[1]

游记概括了西湖景致中最有魅力的四点，即"宜晴、宜雨、宜雪、宜月"；刻画了其景在不同天候的条件中所呈现的别样风采和韵致；所谓的"人知其乐，而不知其所以乐也，余则能言"云云，则恰恰展现了作者对自然山水的深微体悟和高超的鉴赏力。

与王士性观赏讲求天候和季节一样，张岱的游玩自然也独辟蹊径，比如大雪纷飞、众人裹足居家之际，他却冒雪深夜游湖看雪，"……大雪三日，湖中人鸟声俱绝。是日更定矣，余拏一小舟，拥毳衣炉火，独往湖心亭看雪。雾凇沆砀，天与云、与山、与水，上下一白，湖上影子，惟长堤一痕、湖心亭一点、与余舟一芥、舟中人两三粒而已。"[2] 深夜雪后的西湖银装素裹，浩茫无际，清寒纯净。舟中四望，在雪光的映照下，长堤又是"一痕"，湖心亭上是"一点"，小船是"一芥"，而舟中之人竟只有"两三粒而已"！雪后的西子呈现了平素所绝无的空寂和浩渺，素雅和浑穆。文章最后部分写了在湖心亭中与金陵二客的偶遇，并假借舟子的自语道出了赏景的真谛：真爱自然之美者，必有一种"痴"情，将美好的事物视为生命一般："到亭上，有两人铺毡对坐，一童子烧酒，炉正沸。见余大喜，曰：'湖中焉得更有此人？'拉余同饮，余强饮三大白而别。问其姓氏，是金陵人，客此。及下船，舟子喃喃曰：'莫说相公痴，更有痴似相公者'。"[3]

相较于飞来峰、西湖等形胜，孤山可能更为士人墨客所熟稔——这里不仅是林逋的归隐之处，也是近代西泠印社及文澜阁的所在地。寓居杭州的山阴人张岱对西湖、孤山自然了然

[1]〔明〕王士性.五岳游草［M］.周振鹤点校.北京：中华书局，2006：63.

[2]〔明〕张岱.湖心亭看雪//陶庵梦忆［M］.上海：上海书店，1982：26.

[3]〔明〕张岱.湖心亭看雪//陶庵梦忆［M］.上海：上海书店，1982：26.

于心，笔端的《孤山》既写景，又写人："梅花屿介于两湖之间，四面岩峦，一无所丽，故曰孤也。是地水望澄明，皦焉冲照，亭观绣峙两湖，反景若三山之倒水下。山麓多梅，为林和靖放鹤之地。林逋隐居孤山，宋真宗征之，不就，赐号和靖处士。常畜双鹤，豢之樊中。逋每泛小艇游湖中诸寺，有客来，童子开樊放鹤，纵入云霄，盘旋良久，逋必棹艇遄归，盖以鹤起为客至之验也。"[1]

三、明清图像

　　由绘画、书籍刻本、独幅版画（年画）三个方面组成的图像中，这里的绘画指的是明清时期江南画家们运用笔墨绘制在绢纸上的山水、人物、花鸟，抑或各类风俗画；书籍刻本也即版画，大多依附于各类书籍刊行；年画系指节庆时节粘贴于门扉等处的时令性的民间绘画样式。江南是明清中国绘画不二的中心。从历时性上看，先是以戴进为核心的浙派，中期以吴门画派为主，晚明以松江派为标帜，清初则以娄东（太仓）、常熟的"四王"执牛耳，其中心先后历杭州、苏州、松江及太仓和常熟。嗣后随着金陵八家、扬州画派，以及晚清的海上画派的崛起，地理方位大体以沿运城市为主轴而"轮流更替"。

　　若上溯至元蒙，举凡赵孟頫、黄公望、王蒙、吴镇、倪瓒、钱选等丹青大家的活动和创作空间，庶几也在此范围中，影响广泛而深远。"吴门四家"中的沈周、文徵明、仇英、唐寅在明正德至嘉靖年间成为画坛的"盟主"。据《吴门画史》一书统计，吴派画家共有八百七十六人。这些画家大部分是士大夫身份，能诗擅画，显示出与浙派的区别。这种特点与稍后的松江派、娄东派等一脉相承，他们虽有取得功名的条件，但也有许多人耽于闲居和丹青生涯。从题材上看，所绘制的作品既有山水、花鸟等为主的，也有人物等。顺此，我们不妨来观览一番画家们对"文会"、"雅集"、"书斋"和"园林"等题材的刻画和描绘。

自东晋山阴兰亭、北宋汴梁西园、元末玉山等著名的士人雅集后，贵胄士夫、山人墨客的燕集和文会遂蔚然成风，在明清时期臻于高潮。他们或摩挲、披览古今名画，或吟诗作画，抑或辨识、鉴赏钟鼎古器等，此情彼景，一如李应桢记载成化年间士夫燕集时说的那样："朝廷清明四方无事，士大夫燕会多以文字相娱乐，更唱迭和，动成巨卷。"[2] 见之于画家笔端的雅集图如沈周的《魏园雅集图》轴，将文人雅集置于山林流溪的自然环境中，涵咏着旷达野逸的情趣。文徵明绘制的《东园图》和《惠山茶会图》（北京故宫博物院藏），则呈现了不同的图像景致和落幅构图：《惠山茶会图》展示了山麓濒水处松、萌翠微间，四柱凉亭中，旁侧两

[1]
[明]张岱.孤山//西湖梦寻[M].孙嘉遂,校注.杭州:浙江文艺出版社,1984: 127.

[2]
[清]倪涛.六艺之一录（卷三七四）.文渊阁四库全书本.

杭州市西湖玉带晴虹桥

位文士对坐，一远眺，一对亭中古井沉思，另一文士站立拱手作迎客状，亭旁茶几，茶具以及茶童。《东园图》中亭内四位文士展卷清议，一人行走于绿荫小道前来赴会，童仆抱琴随后。"东园"主人出庭迎迓，亭外童仆端茶恭候；在另一水亭内亦有两文士在对弈手谈，送水茶童行走于湖岸。图画中人与景相融相洽，庭园精致，园树、山石、亭楼、流水等刻画精细，文士雅集的情景和实态如在目前。其他尚有杜堇的《竹林七贤园》(辽宁省博物馆藏)，钱贡《城南雅集图》(天津艺术博物馆藏)等。

唐寅《悟阳子养性图》卷和文徵明的《浒溪草堂图》卷，分别表现了士人以书斋为中心的生活起居和活动特点。前图系唐氏为辞官归来的苏州顾公所绘，构筑溪流潺湲、树石丛围的环境，主人公在茅庵内端坐静思，以表达解脱公务世事、养心息气的怡然心境。后图是文氏为同邑沈天民所新建的浒溪草堂而作。此堂原初建于城内，然沈氏因怀念城西郊外浒墅关的祖居之地，故以浒墅为名。画家为此特意将之置于依山傍水、水桥溪涧和一派渔港村舍的乡村景色中，借此彰显沈氏不忘桑梓之旧的情感。唐画勾皴笔法方劲而峭利，运用长笔斧劈皴，是其中年取习周臣的典型风格；文画笔法细腻婉约，设色青淡，格调高雅，为其盛年工细风格的代表之作。书斋、草堂等居处是士人们的读书、休憩、品茗和文友聚会的主要场所之一，故画家乐于以此为题，带有象征士大夫们文化生活、精神世界和淡泊高雅品操的意义。在图式结构上，往往采取将山水景物和人物活动合二为一的形式，以营造切合主题的意趣、境界和氛围。

弘治初年，进士王献臣与吴中名士交谊广泛，据称曾请文徵明参与拙政园的擘画。绘制于嘉靖十二年（1533）的《拙政园三十一景图》系文氏晚年的力作。该图为绢本，设色，每幅23厘米见方，共计31幅。每幅画拙政园内一景，对页题诗一首，诗前小序，且用正、草、隶、篆书写。凡园内山水、花鸟、泉石、亭台，摹写无遗，总称《拙政园题咏》。他在创作《拙政园三十一景图》的同时，还写了篇《王氏拙政园记》，同为后人了解该园初建时的原始材料。园记详细记载了建筑、景点的大体设置、树木种植等事项。如文中提到："逾'小飞虹'而北，循水西行，岸多木芙蓉，曰：'芙蓉隈。'"[1] 繁香坞在若墅堂前，种植了牡丹、芍药、丹桂、海棠等诸花等。从图册中看，文氏所描绘的拙政园以水景为主，园内建筑较为稀疏，而茂树曲池，天目明瑟旷远，庶几为天然浑成的、以自然景色为主的园景。全园有一楼、一堂、一台、两轩、六亭点缀，花坞、钓矶、曲池、果圃参差于水涯花树间，园内花木扶疏，四时成景。图册中诸幅各臻其美，如《瑰雨亭》画幅中，亭处一小山之后，有一人独坐其中，亭后有两株大树，有一小桥越溪与后面的小径相连。所谓"云槐雨者，著君所自号"[2]——这正是王献臣自己的写照。文氏并用楷书题诗

[1]
[明]文徵明. 王氏拙政园记 // 中国历代名园记选注[M]. 合肥：安徽科学技术出版社，1983：100.

[2]
苏州市地方志编纂委员会办公室，苏州市园林管理局. 拙政园志稿[M]. 内部发行.1986：109.

云:"亭下高槐欲覆墙,气蒸寒翠湿衣裳。疏花靡靡流芳远,清荫垂垂世泽长。八月文场怀往事,三公勋业付诸郎。老来不作南柯梦,独自移床卧晚凉。"[1]还有前面说到的《小飞虹》,画面取对称、均衡构图状,用流水将画面从中间分开。前景中有一石头,其上树木丛生,树后隐约可见屋宇,堂前设平台,小飞虹正从台的中心位置径直连接至远景之坡岸,远处茅屋数楹,坡岸上树木葱茏,近处则丛竹遮蔽了画面一隅——巧妙的艺术处理,使小飞虹凸现于画面中央。

总观文氏所绘的《拙政园三十一景图》,用笔沉稳、细劲,构图缜密、严谨,画面设色闲淡,勾勒、皴染不乏写意之趣,境界幽雅清旷,幅幅精彩,观之宛如在园中游览、赏析般地"步移景异"。

美术史中还有一种绘画形式,就是以描写城市景观、市俗生活和社会风情为主题的风俗画。北宋张择端的《清明上河图》即是一幅宏观地展现汴京交通运输、手工业生产、商业贸易、文化娱乐和社会各阶层人士生活和生产的经典巨作,以致在后世,模仿本和蹈袭"清明上河图"标题的图画层出不穷。此类风俗画的特点,一是画面宏大,场景结构堪称巨制,二是绘制精细,刻画入微。如仇英描绘南京的《南都繁华图》(国家博物馆藏)等即为此类。仇英传世有《清明上河图》卷仿本,其结构大致依张图的景物顺序布局,卷末所绘金明池龙舟画舫一段为张氏所无。不过仇版《清明上河图》与张版在细部的处理上差异甚大。总体来看,仇画房屋建筑趋于规整、宏大,崇楼台阁,深院巨宅,店铺相接,门面宽敞,各行各业的新型商铺颇为丰富,如银楼、香楼、古玩瓷器店、花店、家具店、裱画店等,"苏式"风味浓郁。这些店铺和行业恰恰是明代江南新兴的行业和新生的事物，还有女伎歌舞弹唱、女子荡秋千、校场骑射练武等场景。这些变动无疑加入了时代的新内容和新气象，映现了明中期姑苏城中商业、手工业繁盛的景象。同时也凸显出达官富贾们追求奢华骄逸生活的社会风尚，是一幅历史和现实相结合的反俗画巨制。

　　清代徐扬的《姑苏繁华图》卷是一幅直接表现现实社会生活的大型风俗画。徐扬，清朝供奉内廷画院的画师，他于乾隆二十四年（1759）画成《盛世滋生图》(即《姑苏繁华图》)，其宗旨为颂扬帝王治化昌明的丰功伟绩和宏图大业。作为一名土生土长的苏州人，徐氏对姑苏城内外的建筑胜迹、民情民意、风俗习惯等自然十分熟悉，故绘制可驾轻就熟，他将对家乡的稔熟、情感和精湛的技艺融汇于笔中毫端，充满激情而又生动细致地描绘了清中期苏州欣欣向荣、繁花似锦的大好景象和河山。画卷以苏州城内、外的灵岩山、木渎、石湖、狮山、何山、盘门、阊门、山塘、虎丘山等胜景为背景，将诸工坊市肆、舟船车轿、桥梁码头、田耕渔居、买卖交通、婚寿宴饮、舞榭歌台、官衙考场、市民生活等林林总总的物象和情景，一一摄入画面，集山水、人

[1] 苏州市地方志编纂委员会办公室，苏州市园林管理局.拙政园志稿［M］.内部发行.1986：109.

物、建筑界画技法于一体。全图气势恢弘，布局严密，重点描绘了一村（山前）、一镇（木渎）、一城（苏州）、一街（山塘）的景象；在画面落幅构图、位置经营上疏密有序，起伏跌宕，界画精工整饬，人物虽若豆许，而各阶层人士之衣饰仪态个个分明，色彩艳丽，绘画技法娴熟而精湛。通过这幅风俗画，使我们对清乾隆时期苏州城内外的风貌、景象增添了许多直观性的感受和认识。《姑苏繁华图》卷为纸本设色，纵36.5厘米，横1241厘米，现藏辽宁博物馆。画中的自题，对于我们了解该图的创作动机、运思和构图布局等有一定的帮助：

  钦惟我国家治化昌明，超轶三代。幅员之广，生齿之繁，亘古未有。臣幸遭逢之盛，图写太平，为盛世滋生图一卷，臣执艺所有事也。其图自灵岩山起，由木渎镇东行，过横山，渡石湖，历上方山，从太湖北岸、介狮何两山间入姑苏郡城，自葑、盘、胥三门出阊门外，转山塘桥至虎邱山止。其间城池之峻险，廨署之森罗，山川之秀丽，以及渔樵上下，耕织纷纭，商贾云屯，市廛鳞列，为东南一都会。至若春樽献寿，尚齿为先，嫁娶朱陈，及时成礼。三条烛焰或抡才于童子之场，万卷书香或受业于先生之席。耕者歌于野，行者咏于途，熙皞之风，丹青不能尽写。要皆自我朝圣圣相承，深仁厚泽沦浃于百有余年之久。我皇上銮舆再奉，行庆施惠，有加无已。斯地斯民，故能感激鼓舞，乐乐利利，交相劝勉，共为盛世之良民，岂偶然哉。昔孔子适卫，惓惓于富教之谟而未之行焉，至今日而全盛矣，大备矣。皇上宵旰忧劳，犹且视民如伤，无时少释，所以保泰持盈，永太平福泽于无疆者也。臣执事内廷，能不益加观感以摹写帝治光昌于万一乎。图成于乾隆己卯九月，臣徐扬敬跋。

中国版画的黄金时期大抵是14~17世纪的明代。从社会经济方面看，此时都市经济和农业经济的发展已经有了新的变化，社会的需求、技术的进步等促进了工商业的兴盛，各阶层对文化生活产生了更广泛的要求，通俗小说和戏剧等渐趋兴旺，版画插图作为书籍的重要组成部分，开始形成高潮，许多画家也参与到雕版绘画稿的创作中，可以说形成了一种时代的风尚，如唐寅为《西厢记》，仇英为《列女传》，陈洪绶为《离骚》等作插图，使得雕版艺术不仅出现了各种各样的艺术风格，而且促使了版画作品艺术技巧明显的提高和进步，并逐渐形成了福建建安派（建阳派）、安徽新安派（徽派）和江苏金陵派等三个主要地域的刊刻流派。明中晚期后沿运的苏州、杭州、常州和湖州等日渐崛起，形成新的中心。如当时北京五柳居陶氏和文萃堂金氏，"皆每年购书于苏州，载船而去"[1]。

[1] 李文藻.琉璃厂书肆记//孙殿起.琉璃厂小志[M].上海：上海书店出版社，2010：76.

从版画的艺术风格上看，早期所作比较简略，画面纯朴，线条疏落，风格雄劲。中叶以后，风格变幻为工丽典雅、刻镂繁缛细密的原因，一是可能在于大量戏曲小说的插图需求量的增加，具有明确的现实倾向，必须深入细致地刻画人物的思想感情，以及反映人们的理想和愿望；二是此时的版画艺术已同彩印技术相结合，产生了绚丽多彩的彩色版画。17 世纪 20 年代发明的饾板术，将木版画的彩印术提高到了前所未有的程度。如胡正言于天启七年（1627）印造的《十竹斋画谱》、1644 年用饾板和拱花两法印刷的《十竹斋笺谱》，为复制图画的可能性提供了条件。这种富有高质技巧的细致工艺，反过来也促进了绘画水平和版画艺术的提高。

从明代版画中，我们还可以借此理解和认识明代江南的建筑、园林、商铺、家具等物质景观，以及社会风尚、习俗风物等事物。例如著名的明式家具，主要指的是明至清雍正时期在苏州、松江一带生产的家具，由于家具上并无刻镌年月的记录，这些家具究竟是明代制作的，还是产于清早期，因为缺乏足够的实证，故在认识上大多比较模糊甚至错谬。借助明代版画，似可帮助我们进一步廓清若干疑窦，甚至会发现一些历史上曾经一度风行、随着岁月的更替已烟消云散的家具类别；图像中表现城市、乡村和世情风貌的内容，除了传统绘画和书籍中的刊刻版画以外，清初出现的独幅版画在场景铺陈、空间叙事、建筑街市的刻画和都市景观的呈现等方面的精细表现，不啻更具优势和表现力。

以《苏州金阊图》（现藏日本广岛王舍城美术宝物馆）为例。该图由原先分列的《姑苏阊门图》、《三百六十行图》经复原连接而成，一般认为刊刻、印行于雍正十年（1732）[1]。前者画幅尺寸为纵1 086厘米、横560厘米，后者尺寸为纵1 087厘米、横556厘米，合成后画幅纵1 090厘米、横1 100厘米，是为罕见的鸿幅巨制，气势撼人，一扫以往民间版画形制小微、内容单一的不足。画中描绘了清中期苏州阊门外城区的市井风貌、街市百态，画面空间辽阔，数里长的都市街巷呈现得丰富多彩、淋漓尽致：城堞、建筑、店铺、船舶、塔幢、码头、行人等的形态、体量、质感、向背、层次等刻画精细，在姜黄、灰膘、浅花青色的色调中，画面吸收、借鉴运用了西方焦点透视的原理和方法，妥帖地将多种要素安排在不同的空间位置中，从一个固定的视点生发，俯瞰阊门全景。这样，所描绘的街市景观则有规律、有秩序地呈近大远小般。此外，画工们还参用了西方的明暗造型法则，使图像更加逼真和富有立体感。

从画面中看，前景、中景的建筑形体乃至店铺的招牌等细节描绘得最为细致和真切，例如：南濠街中心的"茶室"、"花素云白烟袋"、"徽州雨伞"、"太原号加染春色"、"猫食"、"三鲜鸡汁大面"、"京苏杂货"、"顾二房"、

[1] 庞薰琹认为，该图似应作于1792年的甲寅年，而非1732年的甲寅年。（庞文计算有误，甲寅年一为1734年，即雍正甲寅十二年；二为1794年，按庞文意，应为1794年，即乾隆甲寅五十九年。）另外，他指出，"《苏州阊门图》，这幅画分则可以成为两幅，合起来则是一幅完整的构图。"（庞薰琹.中国历代装饰画研究[M].上海：上海人民美术出版社，1982：116—117.）

"分茂号红绿锦笺"等,南濠北缘的"南北杂货"、"川广药材行药材、人参"、"宝源号兑换银钱"、"当出兑金玉珠宝行",等等。远景中商业建筑鳞次栉比,成行成排,显示了"金阊门"商业重镇的繁华景象。阊门外街市人头攒动,络绎不绝。举凡骑马之官吏、贩夫货郎、走钢索之杂技艺人、僧人、琴师、耍戏孩童、露台上观景之女子、船艘上撑篙的船工,等等,将街巷河道中流动、喧闹、庞杂的市井百态概括、提炼和刻画得栩栩如生,如在眼前。

除此之外,清代苏州独幅版画中还有两幅著名的《姑苏万年桥》,一作于乾隆六年(1741),一作于乾隆九年(1744)。苏州胥门外的万年桥是苏州的一座著名古桥,徐扬在《姑苏繁华图》也重点描绘了此桥。1741年的版画《姑苏万年桥》中,以万年桥四周的街市景观为主,桥体突出,左下角是城墙,河对面从左至右、沿河街市一片熙熙攘攘的景象;1744年的《姑苏万年桥》,构图与前幅仿佛,惟近景描绘明显加强和细致,人物及其形态的塑造显得更加丰富。因河面呈平行状,故河面渐小,城墙和前景的街市也趋于平行。

简而言之,以《苏州金阊图》为代表的独幅装饰版画,以其精致入微的深入刻画、辉煌富丽的色调,和"仿泰西笔法"的画风及透视法的运用,包括适度借鉴清廷版画的些许表现手法,在康、雍、乾、嘉、道期间形成了150余年的黄金时期。它的出现,一方面以既不同于传统文人画的笔墨韵致、也区别于民间绘画的格局和气息,凸显了精细入微的特点。另一方面,也在一定程度上催生和影响了清代桃花坞木刻年画形式的诞生和发展。至于从用笔技巧等方面探究,似乎又涵有唐宋时期画工画、金碧山水画和界画的若干遗绪。

　　苏州木版年画曾因集中于姑苏桃花坞一带生产和制作，故习称为桃花坞年画。源于明末、始于清雍、乾，盛于嘉、道、咸、同、光年间的桃花坞年画，一度曾多达50余家画铺作坊，盛时年产量达百万余张，少时也有数十万张，行销苏、浙、皖、鲁、赣等省，以及南洋、日本和英伦等国。正如郑振铎在《中国版画史·自序》中所总结得那样："桃花坞者，在苏郡城北隅，独以刊印'年画''风俗画'有名于时。自雍正至清季，坞中诸肆，殆为江南各地刊画之中枢。"[1] 其画采用木板套印法，一版一色，即图幅上多少色彩，就刻镌相应的木版；色调不拘于现实，色彩缤纷，浓烈艳丽；题材有神像、戏文、吉庆、民间故事、风俗世事等类型，总体风格富于装饰性，有一定的市民化气息，线条较为简练，层次清晰，画面饱满。

四、弦韵昆腔

　　2001年5月18日，昆曲名列联合国教科文组织公布的第一批"人类口头和非物质文化

---

[1] 郑振铎.中国古代木刻画史略［M］.上海：上海书店出版社，2010：231.

遗产代表作"名单，从而成为中国第一个获此殊荣的传统艺术类别。两年后，古琴艺术又列入第二批名单。"人类口头与非物质文化遗产"的定义是，具有突出价值的人类创作天才代表作的非物质遗产，或是从历史、艺术、人种学、社会学、人类学、语言学和文学角度，具有突出价值并广为流传的传统文化的表现形式。昆曲和古琴，正是中国传统文化中两项杰出的代表形式，曾长时段地回荡和缭绕在江南运河的城乡中。

弹拨乐器的古琴有多达100多个泛音，艺术表现力丰富，是中国历史最悠久的传统乐器，承载了博大精深的传统文化精神和思想。抚琴意在抒发内心中丰富的情感，和对自然、对人生的感悟。古代的士大夫对琴艺偏爱有加，琴棋书画位序的排列，说明"君子无故，不去琴瑟"的重要。荀子在《乐论》中认为：钟鼓为金石之声，雄深壮美，适合于言志。而琴瑟则平淡雅和，适合于养心。明代高濂从教化的层面指出："琴者，禁也，禁止于邪，以正人心。"[1]绝世清音的琴在古代成了高洁脱俗的化身，与松柏清风、享天皓月为伍，是人们陶冶情操、净化心灵的重要方式。东晋无锡画家顾恺之的《斫琴图》（宋摹本，故宫博物院收藏）是迄今仅见的一幅记录制琴过程的绘画作品。画面描绘的是制作古琴的场景，或挖槽腹，或制弦，或试音；画面中制琴者咸非普通的工匠，而是气宇轩昂的士人。古琴通常长3尺6寸5分，代表一年365天。琴面弧形，喻意天；琴底平直，象征大地。13个徽，代表12个月及闰年。最初的琴为五弦，指代金、木、水、火、土。据说周文王为悼念其子增一弦，武王伐纣时又添一弦，遂成七弦。唐时以"吴声"、"蜀声"两流派最为著名，故琴家赵耶利云："吴声清婉，若长江广流，绵延徐逝，有国士之风。"[2]

　　古琴中的"吴声"流派在常熟获得重要的发展契机。常熟又名琴川，虞山是古琴的发源地——它是世界上第一个拥有琴派、专业琴址、代表琴谱、代表人物、理论纲领的地方。琴派大约形成于明中叶，创始人严天池（1547—1625）有感于时人边习"繁声"。在承继琴学的基础上又综合诸家之长，以"清、微、淡、远"的琴风，"黜俗还雅"，被习琴者奉为圭臬。其代表曲目有《梅花三弄》、《胡笳十八拍》等。严氏还编辑了收录28首琴曲的《松弦馆琴谱》，确立了琴风的标志。民国时期，虞山李子昭、沈草农、查阜西、彭祉卿、张子谦等28位琴家发起成立"今虞琴社"，以继承、发扬古琴文化为宗旨，博采众长，兼收并蓄，大力振兴琴道。稍后加入的常熟人吴景略，堪称虞山派的现代集大成者。他在"清、微、淡、远"的基础上别出新机，以气韵见长，使之既有北地之雄奇豪放，又有南方的清润柔婉，故又有"吴派"之说。

　　从琴的本体看，构造简单，音律平和舒缓[3]。因此，所表现的琴声要义和精蕴实在于意，而次在于技。弹奏抚琴，技法愈简单，

[1]
[明]高濂.遵生八笺[M].兰州：甘肃文化出版社，2003：402.

[2]
许健.琴史初编[M].北京：人民音乐出版社，1982：54—55.

[3]
[明]张岱.丝社//萧元.明清闲情美文[M].长沙：湖南文艺出版社，1993：261.明代何景明认为制琴除选材之外，关键在于四大部件，即弦、轸、徽、越。此四部件，各有功能："弦以被音，轸以机弦，徽以比度，越以亮节。"四者优劣，直接影响制琴及琴声："被音则消浊见，机弦则高下张，比度则细大弗逾，亮节则声应不伏。"所以，选择时当"弦取其韧也，轸取其栝圆也，徽取其数次也，越取其中疏也"。（[明]何景明.说琴//赵伯陶.明文选[M].北京：人民文学出版社，2006：166.）

意境就愈深远闳阔，契合了文士适于审美极境的心理。韩愈在《听颖师弹琴》中曾经描述过琴的表现力："昵昵儿女语，思怨相尔汝。划然变轩昂，勇士赴敌场。浮云柳絮无根蒂，天地阔远随飞扬。"由此可见，由抚琴鼓瑟而来的修身养性，或者说琴声具有净化心灵的功效，使人径入人神和谐、物我相融和琴道一致的意境之中，置身于一种情感升华的佳境[1]。明末张岱在列举了蔡邕、陶侃、贺思令、苏轼等脍炙人口的有关琴之典故后，得出琴具有其他乐器所缺乏的高雅意绪的结论，即既可"怡情"，又可寻求"同调之友声"。奈"嘤鸣求友"，操缦雅韵，知音难求。他希望通过琴来沟通彼此的心灵感应，与"清泉磐石"、"涧响松风"为伍。所以，他呼吁道："偕我同志，爰立琴盟。"[2]

高濂在"论琴"中指出："知琴者，以雅音为正。"[3]作者论琴，严于雅俗之分。这里所谓的"雅"，是指"操高山流水之音"、"得松风夜月之趣"之意。欲达此境，首先弹琴的技术要规范："按弦须用指分明，求音当取舍无迹，运动闲和，气度温润，……"[4]他还十分注重单个音的表现力，讲究不同的出音方式，将曲子的疾徐变化、高低幅度，正确地表达出来："然弹琴惟三声，散声、按声、泛声是也。泛声应徽取音，不假按抑，得自然之声，法天之音，音之清音也。散声以律吕应于地，弦以律调次第，是法地之音，音之浊者也。按声抑扬于人，人声清浊兼有，故按声为人之音，清浊兼备者也。今人不究其旨，不亲明师，不讲谱法，不娴手势，遂使声之曲折，手之取音，缓急失宜，起伏无节，知声而不知音，运指而不运意，奚取弹为？"[5]此外，弹琴既以雅音为正，还体现在弹琴者的心志和学问中，即"修身养性，理其天真意"[6]。反之，"心中无德，腹内无墨者"，"声淫而悦耳"，他们弹奏时的指法"尚花巧急骤，夸奇逞高，不求法度"[7]。因此，作者强调指出，由于"琴用五音"，变化甚少，"不宜为俗"，只能"以雅音为正"，如非，便"为抱琵琶而同伶人"[8]。从中不难看出，高氏的严守雅正，正是基于琴之特质而生发。

被誉为百戏之祖、盛世元音的昆曲发轫于昆山。明代魏良辅通晓音律，潜心好学，为研究江南曲乐曾"足迹不下楼十年"。他以昆山土腔为基调，一改南曲的平直，兼蓄北曲诸腔、江南小曲的优长，将南曲之一的昆山腔发展成独立的、具有完整体系的一种音乐形式——既承南曲清丽婉转格调，又兼北曲激昂亢爽之音。不久，昆山人梁辰鱼按魏氏曲牌进行曲调和唱词的创作，演出时把弦索、箫管、鼓板三类乐器配合起来伴奏，丰满而多彩。他创作的《浣纱记》叙述了吴越争霸的故事，对昏君、权奸的抨击具有现实的社会意义，也宣告了昆曲的诞生。嗣后，王世贞的《鸣凤记》、

[1] 杨乃乔.文人：士大夫、文官、隐逸与琴棋书画[J].香港：人文中国学报，2000（7）.

[2] ［明］张岱.丝社//陶庵梦忆［M］.上海：上海书店，1982：18.

[3] ［明］高濂.遵生八笺［M］.兰州：甘肃文化出版社，2003：402.

[4] 同上.

[5] 同上：403.

[6] 同上.

[7] 同上.

[8] 同上.

苏州市宝带桥一瞥

李玉的《清忠谱》、孔尚任的《桃花扇》等传奇剧本，在反映现实社会生活、重大事件和正邪斗争等方面独辟蹊径，加之新颖、优美的曲调，使昆曲这一新兴的剧种迅速赢得了全国的声誉。

汤显祖（1550—1616）创作的《牡丹亭》，不啻是昆曲的经典剧目之一。剧中人物刻画细腻，曲词优美，充分体现了士大夫生活的情调及价值观。他希冀和要求的剧本应当是具有诗词般的韵味，道白讲究字正腔圆，唱词要反复雕琢，千锤百炼，是"曲有词味"的诗词集成。清人金埴在其著《巾箱说》中曾梳理了戏曲的演变梗概，认为："戏曲至隋、唐谓之康衢戏，唐谓之梨园乐，宋谓之华林戏，元谓之升平乐，其元人杂剧则有十二科目……今优人登场爨演所谓古戏今戏者，多法元人院本，不能出其范围于十二科之外。若夫爨演逼肖处，能令观者色动神飞，乍惊乍喜，甚至有帘幕中人泪渍巾袖者，盖彼浑忘其当场之假，而直认为现在之真已。"[1] 近代王国维在《宋元戏曲史》著作中则精辟地指出：后世戏剧，当自巫、优二者出。上古巫觋之兴，及春秋的优伶，是为后世之萌芽；将歌舞合二为一演出，系从北齐发端。论真正之戏曲，不能不从元杂剧始，以故事为主，至元杂剧出而体制遂定，南戏出而变化更多，于是我国始有纯粹之戏曲[2]。由此可见南戏对后世的深远影响。

清初长洲人汪琬在述及本邑"土宜"时，以为一是"状元"，二是"梨园子弟"——状元作为姑苏的土宜，自然有其缘由[3]。至于"梨园子弟"，主要指的是昆曲，而非评弹，戏曲的发展成就了大量的戏曲人才。昆曲在清中期臻于鼎盛，各地艺人麇集姑苏，戏班多达四十多家。道光以后昆曲衰落迹象明显，但亦有"集秀班"、"高天小班"和"聚福班"等活动于此。民国初年，苏州开办了"昆曲传习所"。"传"字之后又分四角取名，力图拯救濒临失传的剧种。原属苏州府辖的青浦县，自进士屠隆于明万历六年（1578）任职县令后，遂将昆曲引入至此。他邀梁辰鱼来此切磋，请家班上演《浣纱记》。自此，民间班社纷纷游走于水乡，活跃在庙会、茶馆和堂会中。在民初衰微之际，青浦的昆曲业余演出活动此起彼伏。一般以俗称"清工"的清唱为主，学曲者互称曲友，教曲者为"曲师"，学或教曲称之"拍曲"，唱曲或制曲填词雅称"度曲"，曲友活动的组织为"集"或"社"。拍曲不绝的青浦还吸引了"江南曲王"俞粟庐（1847—1930）及其子俞振飞，俞氏父子对这里的昆曲生态流连忘返，传授点拨，使朱家角镇"讴青"、"咏珠"两社曲友艺事大进。

昆曲以其绮丽的唱词、温婉的情境，赢得了江南士大夫阶层的青睐，氍毹上的歌舞已然成为文士燕集唱酬的文娱方式之一。庶几殷实的士大夫都蓄有自家的昆曲"家班"，成员大都为

[1] ［清］金埴．不下带编 巾箱说［M］．王湜华，点校．北京：中华书局，1982：75．

[2] ［清］王国维．宋元戏曲史［M］．第16章．余论．上海：华东师范大学出版社，1996：155．

[3] 有明一代，自洪武四年（1371）至崇祯十六年（1643）的272年间，全国录取状元90人，苏州府25人，占27.8%，清代自顺治三年（1646）至光绪三十一年（1905）258年间，全国状元共114名，江苏独得49名，苏、锡、常三地44名。其中苏州府26名，占22.8%。

十一二岁的女童组成。在"娱主"和"宴客"的功用中,铺陈于私家园苑的厅堂楼榭间,在本质上又将昆曲的艺术张力局限、桎梏在一窄小的空间范围之中——从它的发轫和初始阶段,便也同时埋下了迈向衰弭的基因。

五、社团文集

元季江南文士赓绪前贤,雅集于昆山顾德辉的玉山草堂中,麇集了杨维桢、柯九思、吴克恭、黄溍、李祁、郑元祐、倪瓒、王蒙、赵元、张渥等文社的诗画才俊。草堂中除了春、夏、秋、冬四季可供吟咏的楼榭外,还有书画舫,以裨出游时仍能赏析书法名画,更兼"女乐杂沓、歌伎佐酒"类耳目声色之娱。有明一代,结社雅集的鼎盛与弘治、正德、嘉靖、隆庆、万历间的文学复兴相表里[1]。正如祝允明、文徵明业师李应桢记载成化间文士的雅集时说的那样:"朝廷清明四方无事,士大夫燕会多以文字相娱乐,更唱迭和,动成巨卷。"[2] 弘治年间的苏州以沈周为核心,形成祝颢、徐有贞、刘珏、杜琼、史鉴、吴宽、文林、李应桢为代表的文人交游圈,嗣后以杨循吉、都穆、祝允明、文徵明、唐寅、徐桢卿等为核心。嘉、隆后,士夫们生活观念从"齐家"向"治生"转捩,李东阳在《书杏园雅集图后》(谢环,镇江博物馆藏)中曰:"自洪武之开创,永乐之勘定,宣德之休养生息,以至于正统之时,天下富庶,民安而吏称。庙堂台阁之臣,各得其职,乃能从容张弛,而不陷于流连怠敖之地,何其盛也!夫惟君有以信任乎臣,臣有以忧勤乎君,然后德业成而各飨其盛,此固人事之不容不尽者，而要其极，有气数存焉。然则斯会也，亦岂非千载一时之际哉！"[3]

宴游酬唱、雅集文会以诗文、书画相尚为媒。见之于画家笔端的雅集图除了谢环《杏园雅集图》、王绂《山亭文会图》、《林下四贤图》和仇英《魏园雅集图》外，文徵明的《东园图》和《惠山茶会图》（北京故宫博物院藏）呈现了不同的景致和构图。士人雅集的情景和实态如在目前。张廷玉在评介明代金陵、吴中两大文化中心状况时曾作如是观[4]，对吴中亦述之甚切：

> 吴中自吴宽、王鏊以文章领袖馆阁，一时名士沈周、祝允明辈与并驰骋，文风极盛。徵明及蔡羽、黄省曾、袁袠、皇甫冲兄弟稍后出。而徵明主风雅数十年，与之游者王宠、陆师道、陈道复、王谷祥、彭年、周天球、钱谷之属，亦曾以词翰名于世。[5]

金陵、吴中两地的文士过从甚欢，顾璘和文徵明作为正、嘉间两地艺坛的领袖，应和唱咏不绝。降至明末，社团接踵。运河之畔无锡的东

[1] 据郭绍虞统计，明代文人社团共有170余家，何宗美考证计总数超过300家。(何宗美.明代南京文人社集与文学流变//明末清初文人结社研究续编[M].北京：中华书局，2006.)

[2] [清]倪涛.六艺之一录（卷三七）.文渊阁四库全书本.

[3] [明]李东阳怀麓堂集（卷一三），引自何宗美.明末清初文人结社研究[M].天津：南开大学出版社，2003：52.

[4] 南都（指南京）自洪、永初，风雅未畅，徐霖、陈铎、金琮、谢璇辈谈艺。正德时，稍稍振起。自璘（指顾璘）主词坛，士大夫希风附尘，欧道大彰，许谷、陈凤、璇子少南、金大车、大舆、金銮、盛时泰、陈芹之属并从之游，谷等皆里人，銮侨居客也，仪真（现仪征）蒋山卿、江都赵鹤亦与璘遥相应和，沿及末造，风流未歇云。([清]张廷玉.明史（卷二八六）·列传第一百七十四·文苑二.)

[5] [清]张廷玉.明史（卷二八七）·列传第一百七十五·文苑三.

无锡市锡山区荡口镇民居间的水巷

林党和太仓、松江的复社影响日甚。东林党人"不贵空谈，而贵实行"[1]，旨在救治虚症。他们讽议朝政，无畏抨击阉臣势力，视死如归。一联"风声雨声读书声，声声入耳；家事国事天下事，事事关心"传遍大江南北、运河东西。沿运太仓张溥、松江陈子龙等"复社"领袖，咸以"务为有用"为旨。

由陈去病、高旭、柳亚子于清末民初创建的南社，以宣传爱国主义、反抗帝国主义侵略和反清革命为主旨，用诗、词、文章等宣传革命。陈、高、柳皆擅诗文，又为同盟会员。1907年8月15日，柳亚邀刘师培、何震、杨笃生、邓实、黄节、陈去病、高旭、朱少屏等于上海聚会，商议成立南社。10月17日，高旭在《民吁报》上刊登《南社启》，"与陈子巢南、柳亚子卢有南社之结"。10日后，又发表《南社例十八条》，议定每年春秋两次雅集。11月13日，南社在苏州虎丘的张公祠开会，参加会议者除陈、柳外，还有朱锡梁、庞树柏、陈陶遗、沈砺、俞剑华、冯平、朱正平、林砺、黄宾虹。会议选在张公祠内举行，也颇具象征之意，该祠系苏州人为纪念明末抗清志士张国维而建。

[1] ［明］高攀龙. 高子遗书（卷五）.

由于南社成员在江南具有一定的影响力，成立时17人中有14人为同盟会会员，故辛亥首义前夜，同盟会领导人宋教仁、陈其美也加入了南社。

同时的杭州西子湖畔，聚集了篆刻家丁辅之、叶为铭、王福厂、吴石潜等金石名家，他们赏印谱，鉴印玺，致力于弘扬丁敬、小松、陈曼生等前贤的精神。光绪三十年（1904），遂于孤山之麓的数峰阁边召开了西泠印社成立仪式，"人以印集，社以地名"。民国二年（1913），在丁、王、叶、吴等人的公推中，吴昌硕出任西泠印社社长。印社确立了"保存金石，研究印学"的宗旨，提出"顾社虽名西泠，不以自域"的开放式建社意识。印社创建后，每年清明、重阳之际，社员及同好雅集于此，观摩交流，考订研讨，诗文唱和。

曩时的上海，寓居着大批如陈宝琛、瞿鸿禨、陈攀龙、冯煦、曾熙、张謇、袁树勋、刘承干、樊增祥、张元济、庞莱臣、叶楚伧等"一士不仕二朝"的名流鸿儒，荟萃了赵之谦、任熊、任薰、任颐（伯年）、任预、虚谷、蒲华、胡公寿、李瑞清、吴昌硕、高邕、吴仲英、何诗孙、徐三庚、宣古愚等众多书画名家，由此，海派文化圈于焉而成。宣统二年（1910），海上题襟馆成立，众人得以于在此雅集墨缘，切磋艺事，鬻书售画。民国六年（1917），复举吴昌硕为会长，王一亭、哈少甫为会董，吴待秋任留驻会员。题襟馆同人除雅集文会外，还热心公益，多次奉献于赈灾、募捐等慈善事务。民国三年（1914），海上"九老会"在徐园雅集修禊。"九老会"计有陈三立、沈曾植、李瑞清、郑孝胥、康有为、朱祖谋等，乃效白居易居洛阳香山时，和八位长者以成"九老会"，诗文唱酬，文采风流。

乌镇西市河

沙溪镇戚浦河畔西市街

松江方塔园望仙桥和唐代市河(邬丹摄)

杭州西湖西泠桥

苏州拙政园小飞虹廊桥

嘉兴市落帆亭（邬丹摄）

嘉兴市府前街子城

镇江市西津渡街五十三坡昭关石塔

角直镇南市下塘街兴隆桥

练塘镇上塘街义学桥堍警察所和救火会

横塘镇驿亭远景

南浔镇小莲庄五曲桥挂瓢池

新市镇西河口

锦溪镇上塘街普庆桥（邬丹摄）

南浔镇浔溪畔

东山镇紫金庵

双林镇三合天井式住宅

东林书院泮池和石坊

锦溪镇下塘街（邬丹摄）

震泽镇频塘河畔大顺米行

南浔镇百间楼

苏州平江路街景

塘栖镇广济桥埦南

枫泾镇和平街濒河住宅

东山镇陆巷村文宁巷王鏊故居（潘嘉伟摄）

同里镇明清街

千灯镇南大街

金庭镇明月湾村口

虞山镇南赵弄赵用贤宅保闲堂梁架（邬丹摄）

同里镇富观街崇本堂

松江醉白池明代雕花厅

金坛市金城镇段玉裁纪念馆

当湖镇莫氏庄园书房和庭园

南浔镇南西街张石铭旧宅天井

东山镇光明村春在楼第二进

杭州胡雪岩故居

杭州盖叫天故居

镇江市张云鹏故居第一进

第四章 / 运河城市

江南运河沿线和流域中发达和密布的城市，是全国城镇化发展水平、城市密集度、城市内空间密度、建设开发强度比，以及城市人口密度首屈一指的区域，这种持续达千余年的经济发达、社会安定和文化兴盛的局势殊为仅见。明代的倭寇之乱对沿运城市和防御建设带来重要的影响和变化，此时的城防建设与以往零星和断断续续进行的状况不同的是，接踵掀起了大规模、普遍性和集中化修城建防的活动和高潮，模塑了昆山、嘉善、常州、江阴、无锡、上海、湖州、澉浦、乍浦、海盐等城市的形态和风貌格局。

历史上城和市的概念和指向是不同的，古典文献训曰：城，以盛民也。有云：城，所以守也。至于市，《墨子·七患》云："市者，买卖之所也。"又《说文》中言："市，致天下之民，聚天下之货，交易而退，各得其所。"前者重军事，后者偏经济，但都含有人口聚集的意思。约而言之，古典释义中的城市，当是带有军事防御性的商贸发达的居民聚集的社区，是基本脱离农业的人口聚居地，地区经济、政治和生产生活的中心。在其产生发育和形成的历史征程中，承载着自然条件、地理环境、气候及温湿度等自然条件，以及因商品生产、内外贸易和繁荣的经济等的各种因素，基于这些因素的共同作用和熏染，使之逐渐形成了或大同小异，或迥然不同的面貌和结构特征。以湖州而言，以始建于秦末的子城为核心，两溪聚一城、四水抱城斜的空间格局延续至今，展现了因水成市、沿河筑行、逐水而居的水乡风貌，溇港圩田、运河网络构成了南太湖滨的古城以无限意蕴。山水是人们赖以生存的自然环境，山峦的稳定敦厚，蕴含万物且施惠于人；水力的流转不息，给大地带来了无限的生机。沿运大小城市的规划和建设活动，始终与山水暨自然条件紧密地结合在一起，依据各自的禀赋和特质，相势就形，形成了各具特色的城市空间结构和形态风貌。著名的"十里青山半入城"的常熟和"三面云山一面城"的杭州，虽然都是山水城市——城中有湖，水道纵横，然一为独峰，一为群山耸围；一是运河支流所经过的县级行政城市，一为干流主体的终端和古都，省域中心都市；前者为椭圆形城市空间格局，后者系都市规模，故结构和形态迥然不同。

另一山水城市镇江的自然条件和地理特征，则是大江横列，运河纵贯，群山环抱，处长江、运河交汇之处，形势险要，然城区空间集聚而显逼仄。相对而言，位于太湖平原地带的城市因地域开阔，较多地采用方正形的布局。苏、锡、常、嘉等都市因处于水网交织和低洼区域，其形态与北方中原的方形城市格局显然又有所不同。尤其是千年城址未易的苏州，水陆棋盘式空间格局未变，城市形态与宋代平江图石碑上所镌大致仿佛，体现了中国古代独具一格的城市规划思想，蕴含着深邃的宜居思想与自然环境共荣相生的哲学观、生态观和价值取向。

本章遴选镇江、苏州、常熟、杭州四座风貌特色浓郁的国家历史文化名城进行叙述。

一、镇江

镇江城北濒长江南岸，南连太湖水网平原，江南运河穿境而过。其地介北纬 31°37′~32°19′，东经 118°57′~119°58′，总面积 3 843 平方公里。早在西周时即为宜封地，春秋时名朱方，战国间更名谷阳，秦设丹徒县。三国孙权建都后易名京口，南朝宋置南徐州，隋唐谓润州。北宋徽宗政和三年（1113）设府后始名镇江，一直沿用至今。民国时期的 1929 年后还一度成为江苏省省会城市。全市的水系分北部沿江地区、东部太湖湖西地区和西部秦淮河地区三部分。长江流经境内长 103.7 公里，东部运河在北缘的谏壁与长江交汇，贯穿境内长 42.6 公里。市域内宁镇山脉东西横亘，茅山南北延伸——以西属秦淮河流域，以东则属于太湖流域。运河流域的区县包括镇江市区（润州区、京口区）、丹徒区、丹阳市、杨中市等东、南向的二区二县，运河穿越京口区、润州区、丹徒区、丹阳市，自北而南，折向东南，经奔牛、新闸镇进入常州市区及武进区。全市低山丘陵与岗地地势占全境三分之二。其中，海拔 433 米的九华山为最高峰，平原圩区大多滨江。

江南运河起首的镇江和尾闾的杭州均为山水城市——如果说杭州城是"三面云山一面城"的风采和骨架的话，那么，镇江"城市山林"的真山真水的地貌和地表似乎更加贴切。整座城区呈南高北低的高程递减地势——城南的南山占据了约二分之一的岗地、丘陵，北面向长江处倾斜的丘陵和小面积的平原成了镇江市区的所在。因此，中心城区空间和面积十分有限和逼仄——也是江南运河沿线地区级（次级）城市中规模最小的。城区地形高低起伏、道路走向回环往复，居间还穿插和点缀着跑马山、黄鹤山、磨笄山、虎头山、茶砚山、小牛山、凤凰山、彭公山、宝盖山、老山、京岘山、汝山、象山、蒜山等数十座小丘陵。基于起伏的地表和高程，城市中的道路、建筑等轮廓线上下（高低）参差不一，变化多端。城西的西津渡街乃是依山临江、高低错落的著名街区之一。古代称算山渡，唐以后称为西津渡。它不仅曾经是联系长江南北的重要渡口，也是镇江最早的古渡口。随着江岸的北移，现古渡口距江沿已达300余米。

清光绪年间（1875—1908），西津渡街发展成小码头街。因处于蒜山北悬岩腰麓的残台石级上，故千余年来此道变化甚微。该街全长700余米，古渡口以西长约500米。在五十三坡上还矗立着一组依山势而建的东印度式西方建筑五幢：二幢官邸位于北坡，三幢生活用房建在南麓坡下——这是1889年建设的英国领事馆。五幢建筑屹立在南北台坡地上，因势就形，错落有致。西津渡口、待渡亭、石塔、明代观音洞、清代救生会、英国领事馆、券门、石级等大致如初。街衢宽3~4米不等，观音洞与救生会中间的昭关石塔高4.69米，置于四立柱的平台上，台高

常熟市虞山镇地图

2.5米，南北两面用石块砌实，东西两侧可通行人和车辆。石塔约建于元季。明万历年间在维修时，于东西两石面上刻镌"昭关"两字。塔用青石雕成，须弥座为亚字形，塔身扁腹形，上为塔刹，由塔座、十三天、八宝法轮和葫芦顶寺组成。自石塔至渡口还有"共渡慈航"、"同登觉路"、"层峦叠翠"、"飞阁流丹"等四道券门相接，显得很有节律感。

太平天国时期镇江亦为主战场之一，历经劫难。据当时外国商人的观察，镇江残敝甚于邻近的常州、苏州和南京的江宁县、江浦县，以至于战后城区中仅有数百穷人居住[1]。这可能也是该城明清建筑遗存较少的缘由之一。

二、苏州

苏州城内外湖泊密布，水道交织，堪称江海通连、水乡泽国的典型。虽然城市的西缘丘陵叠翠、群山连绵，构成山依水偎、环境优美的胜境，但真正铸就该城之魂的质因素的，还是水；尽管嘉庆二年（1797）景德路城隍庙工字大殿外墙上镌刻的《三横四直图碑》上标明

[1] 刘石吉. 明清时代江南市镇研究［M］. 北京：中国社会科学出版社，1987：76.

的内城河道，长度已缩减成了57公里，但集引排水、运输、防御、调节气候和温度等于一体的河道仍然发挥着独特的功效。在宋绍定二年（1229）的《平江图》石碑和《三横四直图碑》上分别反映的唐宋及明清时期苏州城的空间形态、道路格局、水系网格、城市范围及墙垣城门、重要建筑物和桥梁的位置等，一方面成为研究古城历史形成和演变的珍贵资料，另一方面，"历来言吴地者称其水胜"——不单单城区中交错的河流，而且四周水网环绕，太湖之水东入于海，万流所凑，触地成川，三江五湖铸就的交渠式的水系脉络，形成了该城独特的城市空间结构和形态。

　　石碑所镌与当今古城方位、位置及格局契合如初，而后者《三横四直图碑》以三横四直——七条贯穿城市干流为主的河道分布体系，以传统的立面画法在图上标注出城垣和重要桥梁、寺观、衙署等建筑的位置，反映了河道纵横、桥梁密布的水城风貌：道路大多为方格形，呈井字或丁字形相交，东西向布局。河道多系人工开凿而成，驳岸齐整。河流多与街道平行，呈前街后河状，这在城区的北部地区尤为明显。坊是中唐以前都市管理、区域划分的住居单元。据乾隆《苏州府志》记载，唐代"乾符二年（875）王郢之乱，刺史张搏重筑罗城"。又据陆广微《吴地志》载，时罗城如亚字形，南北十二里，东西九里，城内大河三横四直，郡郭三百余巷。上述表明，苏州城水系的形成最迟在唐代[1]。范成大在《吴郡志》中更是明确地记录了地理方位和标记。在标注坊市时以乐桥为坐标和参照，标明方位，如乐桥东南，有孝义坊、绣锦坊……六十坊之一的吴趋坊位处城区西端景德路、黄鹂坊桥西堍，是苏城至为繁华的街巷，人流络绎不绝，摩肩接踵；人民路与马院巷交叉处南缘的三元坊，源于清代钱棨连中三元的传奇。城市的干道均通达八处城门，城门或近城门的坊巷街衢因之也大多以城门之称命之，如阊门西街即位处于阊门之西，阊门内下塘街因处阊门内第一横河下塘（北塘），故名。又因城内东、西、南、北向的街衢呈"井"字形，横直有序，方向明确，所以也多以地理方位命名，比如西北街、东北街等。因河道纵横，故以河流、津梁为名的街巷也不在少数，如万年桥大街、枫桥路、乌鹊桥路等。还有很多小坊巷，如悬桥巷、迎枫桥弄、剪金桥巷、梵门桥弄，以及河西街、河沿街等。

苏州城经济职能的增强，致使城内因人口构成的不同而出现了专业性的区域分工，城市布局出现了新的变化。嘉靖年间吴县知县曹自守在《吴县城图说》中记曰："苏州……卧龙街东隶长洲，而西则吴县。公署宦室以逮商贾多聚于西，故东广西夹，俗亦西文于东也。""在城之图，南号差不及北，以地有间隙，稍远市廛。"王士生在《广志绎》中也说："城中

[1]
根据早于乾符二年张搏重筑罗城的白居易《正月三日闲行》和刘禹锡《乐天寄忆旧游，因作报白居易以答》等的诗句推断，苏城水系和坊巷已具规模和系统。

与长洲东西分治,西较东为喧闹,居民大半工技。金阊一带,比户贸易,负郭则牙侩辏集。胥、盘之内,密迩府县治,多衙役厮养,而诗书之族,聚庐错处,近阊尤多。"由此可见,明代城西人口密集,商业繁盛。明中以降,东部居民以丝织为生,"郡城之东,皆习机业"[1]。故南浔人朱国桢说:"苏民素无积聚,多以丝织为生,东北半城,大约机户所居。"[2]沿至清代,如此人群分布和城市格局更进一步。阊、胥地区商业更胜,城市扩张也明显增速。比如明时阊门街上尚存公卿跨街坊表,道路可容五马并行,及清已是密集的民居、店铺,梵宫琳宇、园林遍布城中,以园林、寺庙道观命名的街巷也屡见不鲜。如沧浪亭北岸的沧浪亭街、网师园旁的网师巷、留园门前的留园路、拙政园东侧的拙政园弄等。梵宫琳宇类的如狮林寺巷,今景德路94号处原为城隍庙,故名"郡庙前",观前街因玄妙观而名之,养育巷东端庙堂巷,巷内有东岳庙;金门内景德路上原有景德寺,寒山寺旁的寒山寺弄。一些寺观中如报恩寺塔(现北寺塔)占地颇广,位于主干道两侧或尽端,塔幢秀出云表,既丰富了城市轮廓线,又与城市水陆双道协调,构成优美的城区景观。

  姑苏城区书院林立,坊巷以院校命名者也非孤例。如现人民路南段西侧的书院巷之名,源于宋代"鹤山书院"。明永乐间,书院易为巡抚衙门。从明至晚清,清名臣如周忱、海瑞、汤斌、宋荦、陶澍、梁章钜、林则徐等治事其间。玄妙观后的旧学前因有学道书院,祠供言偃,故名"弦歌里"。还保留了以历史人物命名的街巷。如道前街原名药市街,后为纪念大学士王鏊而更名为学士街,苏州城内两个尚书巷——一个为明中期尚书吴宽（1435—1504），位于怡园南端，原名"修竹巷"。巷东建有"尚书"、"会元"、"斯文山斗"三座跨街牌坊；第二个为十全街南侧的彭定求（1645—1719）居处。彭氏为祖孙状元——世代为官，门庭显赫，人称尚书里；还有位于滚绣坊西面的朱进士巷，明正德年间进士朱纨世居此巷。

三、常熟

常熟是一座特色浓郁、经济富庶的江南古城。商代末期此处为句吴北境，秦属会稽郡吴县。西晋太康四年（283），分吴县之虞乡立海虞县。咸康七年（341），在海虞北境南沙乡设南沙县。梁大同六年（540），始名常熟。隋开皇九年（589）并海虞等六县入常熟，隶属苏州。宋代属平江府，清雍正年间划县域东境设昭文县，两县台同城。民国初，常熟、昭文两地复合并为常熟县，并沿用至今。

因年年丰收而得名的"常熟"，自古就有"江南鱼米之乡"之美誉，境内水网交织，田土膏腴，风物清嘉。从空间结构和形态上看，

---
[1] ［清］（康熙）长洲县志（卷三）．

---
[2] ［明］朱国桢．皇明大事记（卷四四）·矿税．

杭州市区及运河地图

全境平畴绿野，湖塘密布，河道纵横，惟中间崛起一东西狭长的虞山。据顾祖禹记载，"（虞山）一名海隅山，一名乌目山。相传以虞仲葬此，因曰虞山。名山记：'山长十八里，周四十里，高百六十丈，为县主山。登其巅，江外诸山隐隐可见'"[1]。山体东端蜿蜒延伸至古城中，构成了"十里青山半入城"的独特空间形态。明嘉靖三十四年（1555），为抗倭于旧城上重建砖城。"西北据山，东南凭濠，屹然完固"[2]。平面略呈椭圆形的古城形似古琴：西北面随山势蜿蜒起伏，走虞山东麓而过——城的西北缘为山体，东南面为城区，此为其一；其二，贯穿城区南北的一湾琴川河自北缘望海门肇始，七条平行的支流状似古琴，自西向东分流转入运河，命名为一至七弦河[3]，形成"七溪流水皆入海"的山水风貌，既增添了妩媚风光，更是其滥觞和繁盛的渊源。椭圆形的城市格局呈现了依势而变的城市规划理念和建城意匠，可谓独辟蹊径。置身于倚山临水、优雅灵秀的城市环境之中，环城河清晰地勾勒出古城的空间结构，至今仍基本保留着明、清时期的规制和格局，300余条街坊巷弄纵横状有

[1]
［清］顾祖禹.读史方舆纪要［M］.贺次君，施和金，点校，中华书局，2005：1177—1178.

[2]
同上：1177.

[3]
七弦中的一弦在学宫后兴贤桥北，二弦在草圣祠后东太平巷南，三弦在县东街南金童子巷北，四弦在言子宅后，坊桥北章家角南。五弦在白粮仓前灵公殿后，六弦在白粮仓后，七弦在孝义桥南仓浜底，都顺沿着运河。由于年代久远，川流湮塞，仅存断续的沟形。琴川，是横贯常熟城区南北的古运河，发源于虞山东南麓石梅涧的焦尾溪。

无锡市崇安区学前街 152 号薛福成故居大门

序地分布于城区中。

目前，城区中尚遗存较完整的古民居、古祠堂、会馆等历史建筑如南赵弄的明代赵用贤的脉望馆、翁家巷的翁心存故居采衣堂、和平街的唐氏宅园和庞薰琹故居、学前街言子祠和西庄街的徽州会馆等。城东耸立着重建于南宋咸淳八年（1272）的崇教兴福寺塔。楼阁式方塔高九层，各层平面自下往上逐层缩小，层高也逐层减低。整幢塔身似梭形，飞檐凌空，造型十分秀美。另外，还分布着以古、小、巧、精为特色的燕园、曾园、赵园等若干园林。若沿山麓出西门城外，西南面的尚湖和东南向的昆承湖犹如晶莹之双目，北面是逶迤高耸的虞山。登山远眺，但见十里虞山横卧于城西北，万顷尚湖似镜平展山前。前代诗人"绿水环城入，青山到县分"，"山横秀野东南胜，天接澄湖上下光"的赞美藻词就是对其的赞咏。其中，宋代孙应时的《虞山》一诗尤为著名："长啸虞山迥，天开风气清。南窥五湖近，北揽大江横。历历三吴地，悠悠万古情。雄观有如此，聊复记平生。"

历史悠久的常熟地向以文化之邦著称。在数千年的发展过程中，孕育了众多的杰出人物，在诸多领域中为人类的文明进步作出了贡献。最早有商相、古天文学家巫咸。商末，泰伯、仲雍奔吴，化吴夷之俗为一体。春秋时言偃北上师事孔子，成为孔子唯一的南方弟子，位列"孔门十哲"之一，成为启迪东南文化的先驱。自唐迄清，常熟共有进士485名，其中状元8名。明末有抗清名臣瞿式耜，清代有两朝帝师翁同龢等。还涌现了众多蜚声中外的文学艺术家：绘画上有列元四家之首、以

"浅绛派"山水闻名于世的黄公望,清初王翚融南北两宗,首创"虞山画派"。以文学而得名者如明代吴讷、张洪、徐复祚,清代钱谦益、冯班、孙原湘,近代则有曾朴、张鸿、黄人、丁祖荫和徐枕亚等。在典籍的整理和图书收藏方面,其藏家之多、收藏之丰,国内少有。明代张洪、瞿景淳先后任《永乐大典》副总裁官和总校一职,毛晋建汲古阁校刻多种经、史及曲,因缮写精良,世称"毛抄"。著名藏书家有"脉望馆"主赵用贤、赵琦美父子,"绛云楼"主钱谦益,"汲古阁"主毛晋,"也是园"主钱曾,"借月山房"与"爱日精庐"主张海鹏、张金吾,"稽瑞楼"主陈揆,"铁琴铜剑楼"主瞿绍基、瞿镛父子,"旧山楼"主赵宗建,"湘素楼"主丁祖荫。

四、杭州

七大古都之一的杭州经历了前钱江时期(秦至隋朝)、运河时期、西湖时期和当下的钱塘江时期的变迁。其中运河时期又可以分为四个阶段:一是随着运河的开凿,唐代的杭州开始了初步的发展;二是吴越阶段。越王钱镠射潮治江,开始了经略杭州的步伐;三是宋室南迁阶段,菜市河、盐桥河与运河得以相连;四是明清和民国阶段,此时经导湖水、连运河等的水利疏浚工程,使城区内的水系逐渐完善。以上四个阶段的后三段庶几均与水系河道相关联。浙西山地丘陵和钱塘江两岸平原交界的两种性质迥异的地质、地貌单元,构成了杭州城的地理基调和底色。自公元 591 年依凤凰山筑州城,杭州城的定间定位、形态结构及其规模布局，与运河、西湖的兴废利用和损益休戚相关。也许可以这样认为，运河及西湖的变化和盛衰，与城市的兴衰相印证。

早在唐开元年间，此地已是"骈墙二十里，开肆三万室"[1]。晚唐为"咽喉吴越，势雄江海"的东南名郡。五代吴越国前后三次修城，疏浚西湖、整治钱塘江，这也是该城作为都城的肇始。因地近江海，故时常受到江潮的冲击和浸蚀，导致地下水既咸又苦，民众饮水问题历来比较突出，这在杭城的西北处尤为凸显。故苏轼曾就李泌修建"六井"之功评介云："自唐李泌始引湖水作六井，然后民足于水，井邑日富"，"杭州之有西湖，如人之有眉目。……使杭州无西湖，如人而去眉目，岂复为人乎？"[3]在人口方面，南宋建炎元年（1127）至绍兴二十六年（1156）的30年间，大批来自北地的宫室、官宦、士大夫、军人和流民等总人数已超过在地的土著人群，北方语系自此开始一度占据了主导地位——直至今日，杭州人的语言在江南吴语中凸显出别样的语音、古字，其

---

[1]
［唐］李华.杭州刺史厅壁记//全唐文（卷三九）.

[2]
林正秋.南宋都城临安［M］.杭州：西泠印社，1986：6.

[3]
王国平.西湖文献集成（第1册）［M］.杭州：杭州出版社，2004：198.

镇江市丹徒区大港镇宏成路赵伯先故居

缘由正在于此。清初顾祖禹曾就杭城经略和变迁指出,"……宋绍兴二十八年增筑内城及东南之外城,附于旧城内。城亦曰皇城,周九里。元至元十九年张士诚更筑府城。东自艮山门至候潮门,视旧城拓开三里,而络市河于内;南自候潮门迤西则缩入二里,而截凤凰山于外城之东西,视旧差广"[1]。

城垣也在吴越城的基础上得以扩建和增修,所谓"旱名仅十有三,水门者五"[2]。城内南北向的河流有盐桥运河(今中河)、市河(俗称小河)、西河(清湖河)等纵横相连,也保证了京师交通和运输的需要。作为首都,"杭州人烟稠密,城内外不下数十万户,百十万口","细民所食,每日城内外不下一二千余石"[3]。至于城市规模和街衢景象,"城郭广阔,户口繁夥,居民屋宇高森,楼栋连檐,寸尺无空,巷陌壅塞,街道狭小,不堪其行,多为风烛之患"[4]。是故,众多古代坊巷之名也沿用至今,如清河坊、太平坊、寿安坊、积善坊等。城中的市肆、店铺罗列,行商住宿及贮货之所众多,流动人口麇集。基于历史因素,杭州与汴京(开封)十分相似,如饮食习俗上,"杭城食店,多是效学京师人,开张亦效御厨体式,贵官家品件"[5]。"如酒肆门首,排设权子及栀子灯等,盖因五代时郭高祖游幸汴京,茶楼酒肆俱如此装饰,故至今店家仿效成俗也。"[6]简而言之,宋代杭州的规模和体量已属庞大,日本学者斯波义信曾对宋代江南城市的面积进行了比较,认为杭州城内面积是苏州城的2.8倍、常州城的6.7倍、镇江城的7.2倍、湖州城的8.5倍[7]。

至元十二年(1275),意大利人马可·波罗来此,盛赞城市"庄严和秀丽，的确是世界其他城市所无法比拟的，而且城内处处景色秀丽，让人疑为人间天堂"[8]。人文和自然地理的优势，使其景观丰富异常，蔚为大观。亭、园、楼、阁、塔、寺、观、庙、泉、壑、窟等一应齐全。西子三面环山，一面频城；湖体轮廓近乎椭圆形，面积6.03平方公里，水光潋滟，水面面积达5.2平方公里，周长15公里。湖北、西面的白、苏二堤，将湖面分成外湖、里湖、岳湖、西里湖、小南湖五个部分，湖中有孤山、小瀛洲、湖心亭、阮公墩四岛。注入西湖的主要溪流为金河港、龙泓涧、长桥溪。调节西湖水位的主要出水口主要是圣塘闸和涌金闸，前者经圣塘河流入运河；后者经浣纱河地下管道，流入武林门外的城河。湖水承受山泉活水的不断冲洗，复经历代人工的疏浚和治理，演变成举世闻名的西湖景区。西湖四周山峦叠翠，风景如画。"西湖十景"和"钱塘十景"闻名遐迩，璀璨夺目的历史古迹如文澜阁、灵隐寺、岳飞墓、西泠印社、章太炎墓散落其中。

明正德三年（1508），武宗准浚西湖、苏堤填宽，岸边植柳。清顺治七年（1650）为加强

[1]
［清］顾祖禹.读史方舆纪要［M］.贺次君，施和金，点校［M］.北京：中华书局，2005：4123.

[2]
［南宋］吴自牧.梦粱录［M］.济南：山东友谊出版社，2001：78.清顾祖禹在《读史方舆纪要》中述曰："（宋元时）门十三。明省为十。东五门，曰候潮，曰永昌，曰清泰，曰庆春，曰艮山；西三门，曰涌金，曰清波，曰钱塘；南一门，曰凤山；北一门，曰武林。城周三十五里一百丈。此今城之大略也。"同上：4123—4124.

[3]
［南宋］吴自牧.梦粱录［M］.济南：山东友谊出版社，2001：220.

[4]
同上：139.

[5]
同上：213.

[6]
同上：211.

[7]
［日］斯波义信.宋代江南经济史研究［M］.方健，何忠礼，译，南京：江苏人民出版社，2001：310.

[8]
［意］马可·波罗.马可·波罗游记［M］.梁生智，译，北京：中国文史出版社，1998：200.

对汉人的统治和威慑，在湖畔又开建了"旗营"，供满人和八旗军队驻扎。康、乾二帝也曾先后11次游览西湖。民国初年，因建设所需，遂拆除兵营、钱塘、涌金和清波等城门（墙），纳西湖与城市为一体，并修筑湖滨路和延陵路等。

目前，已勘定杭州古城的范围总面积达1 087公顷，划定了10个历史街区，分别是：清河坊历史街区、中山中路传统商业保护区、小营巷旧城风貌保护区、湖边村近代民居保护区、北山街保护区、西兴街思鑫坊近代民居保护区、小河直街保护区、拱宸桥桥西历史街区、长河街保护区。近年来，杭州市规划部门公布了新增的12处近代建筑拟保护的地段和区间，包括兴安里、韶华巷-恰丰里、泗水坊、平远里、惠兴路、五柳巷、龙翔里、元福巷、安家塘、武林路、留下镇、梅家坞等反映近代杭州城市风貌的街巷格局和住宅建筑。

第五章 / 乡村市镇

沿运市镇依凭码头、市场、闸堰、商品生产和流通网络等要素和优势接踵崛起，总数增加近一倍，空间分布密集，并形成了一定的规模。检视其特点，一是大都滥觞于运河或湖塘港汊处，在其生成和发育的过程中因河而盛。旅行家徐霞客出行时借助的主要运河水道，从无锡经青浦、嘉善、桐乡等至杭州，当时就有许多市镇且十分繁华[1]；二是商品生产和流通较为兴盛和发达之地。如以棉纺织和贸易著称的金山县朱泾镇，在明末时已是"居民数千家，商贸辐辏；置邮走两浙、达两京者不少辍，实为要津"，"户口殷繁，间阎充实，虽都会之盛，无以加兹"[2]。明弘治年间尚为村落的盛泽镇至清初业已成为驰誉天下的绸业镇、吴江第一大镇。该镇至今留下的地名、街名等映射出昔时专业化城镇经济和社会发展的印迹，数十条以行业为名称的街名巷名，至于广东里、汝南弄等，则反映了外来移民集聚的状况。三是地处要冲、设置闸堰和钞关等水务税务构之地，位于苏州城西北二十五里,明初时曾设立巡检司和急递铺的浒墅关,"15世纪中叶这里成为七个内陆钞关之一。这一选择无疑反映'这里已经是14省货物的汇集点,商船来来往往,每天以千数'"[3]。按《姑苏志》所载,1506年前后,已是"居民际水,农贾杂处,为一大镇"。

在总数逾以百计的各类市镇中,居民达千户以上的共有50座。居民达2 000户以上的万人左右大镇共37个。共15座镇的居民在万户以上,达到了5万人左右的规模[4]。大镇类似县城乃至府州城市,街、坊、巷、市的社区格局和镇区、镇郊的边界、划分较为清晰,镇区形态比较完整。如隔河相望的乌、青两镇。乌镇纵7里,横4里;青镇纵4里,横2里。乌镇自北而南有3条商业大街,大街之间分布着众多街巷。全镇共有50坊,坊内再细分巷弄;青镇北门到南门硕长的商业街上,共设置13巷。镇区规模小者如长泾、凤凰、张堰、练塘等,其平面是主干市河与主街平行相生构成,垂直向设若干巷弄。从市镇演变和发展的历程看,大致在清中叶前后,村镇聚居区的分划、连结、限定和规划逐渐臻于成熟。我们今

[1]
[明]徐弘祖.徐霞客游记校注[M].朱惠荣,校注.昆明:云南人民出版社,1985:114—119.

[2]
[清](嘉庆)朱泾志(卷一)·疆域志.

[3]
[美]迈克尔·马默.人间天堂:苏州的崛起,1127—1550//[美]林达·约翰逊.帝国晚期的江南城市[M].上海:上海人民出版社,2005:49.

[4]
陈忠平.明清江南市镇人口考察[J].南京师大学报,1988(4).

天所能观赏、体验以及风貌保护较完好的镇区，基本上也是彼时的基调。如列入国家历史文化名镇的荡口、长泾、周铁镇（以上无锡），孟河镇（常州），甪直、东山、木渎、同里、周庄、千灯、凤凰、锦溪、沙家浜、沙溪、黎里、震泽、古里镇（以上苏州），练塘、嘉定、南翔、朱家角、枫泾、张堰、高桥、新场、川沙、金泽镇（以上上海），西塘、乌镇、盐官（以上嘉兴），南浔、新市（以上湖州）等25座市镇。如果说市镇大多在明中叶后得到快速发展的话，那么，无锡周新镇的形成则堪称孤例——由民族实业家周舜卿以一己之力，于清光绪二十六年（1900）在南门伯渎港西岸置地百亩，辟街、筑桥、建铺，建造新镇区。光绪二十八年（1902）正式竣工。一湾伯渎港穿镇区而过，与直街垂直相交，形成典型的十字平面结构和模式。市镇内民居依河而建，粉墙黛瓦、码头驳岸错落有致。本章遴选杭州塘栖、湖州南浔这两座同中存异的市镇为题，两镇相同点在于位处运河主干流的南岸，均产丝绸并同为商贸大镇；异在于空间和布置方式上的差异。总之，发达的商品生产和内外贸易，既是市镇发展的动力，往往也成就了其规模和格局。

与市镇发展成因相似的众多乡村，尤其是资源优势或交通区位优良的村落，借助商品生产和流通网络等要素得以发育和形成。无锡羊尖镇的严家桥村地处无锡、江阴和常熟交界处，永兴河贯穿全村，形成水陆并行、河街相邻的江南传统民居和村落格局，素有"三地一村四码头"之称。自元末明初严姓建起严家桥后，散居的村民聚居于河道两岸。明末清初之际，外省程、李等大族，太平天国时期唐顺之家族等纷至沓来，自此人群麇集，市集繁荣。20世纪三四十年代，商业店铺多达两百多家，成为远近闻名的米码头、布码头、书码头和医药码头。

相对而言，村落因规模和体量的小微，其环境和生态性愈加脆弱。事实上，原生态或旧貌完整的历史村落业已十分稀少。目前，仅太湖洞庭东山镇陆巷、杨湾和三山村，西山金庭镇东村、明月湾村，无锡的礼社村，常州武进区郑陆镇焦溪村，湖州南浔区和孚镇荻港村以及上海闵行区浦江镇革新村、松江区泗泾镇下塘村等十余处列入国家历史文化名村的名录。本章以明月湾村为考察对象，正是由于山陬湖隅的地理区位和外出皆赖舟楫的交通条件等所谓的种种"不足"，却也因此保存了原汁原味的村落。

一、塘栖

塘栖（又名唐栖），宋以前称为下塘，位于杭州市北55里，原属仁和县，北与湖州府德清县接壤。其地虽有发轫于天目山脉的栖溪流经，水运和交通条件优越，但因元代前的运河取道于临平镇，一如清乾隆《杭州府志》所记载的那样，"此镇宋时所无，而今为市镇之甲，亦以运道改移日益繁盛"[1]。志书中指的

[1] ［清］（乾隆）杭州府志（卷五）·市镇．

苏州市吴中区东山镇陆巷村
文宁巷王鏊故居入口

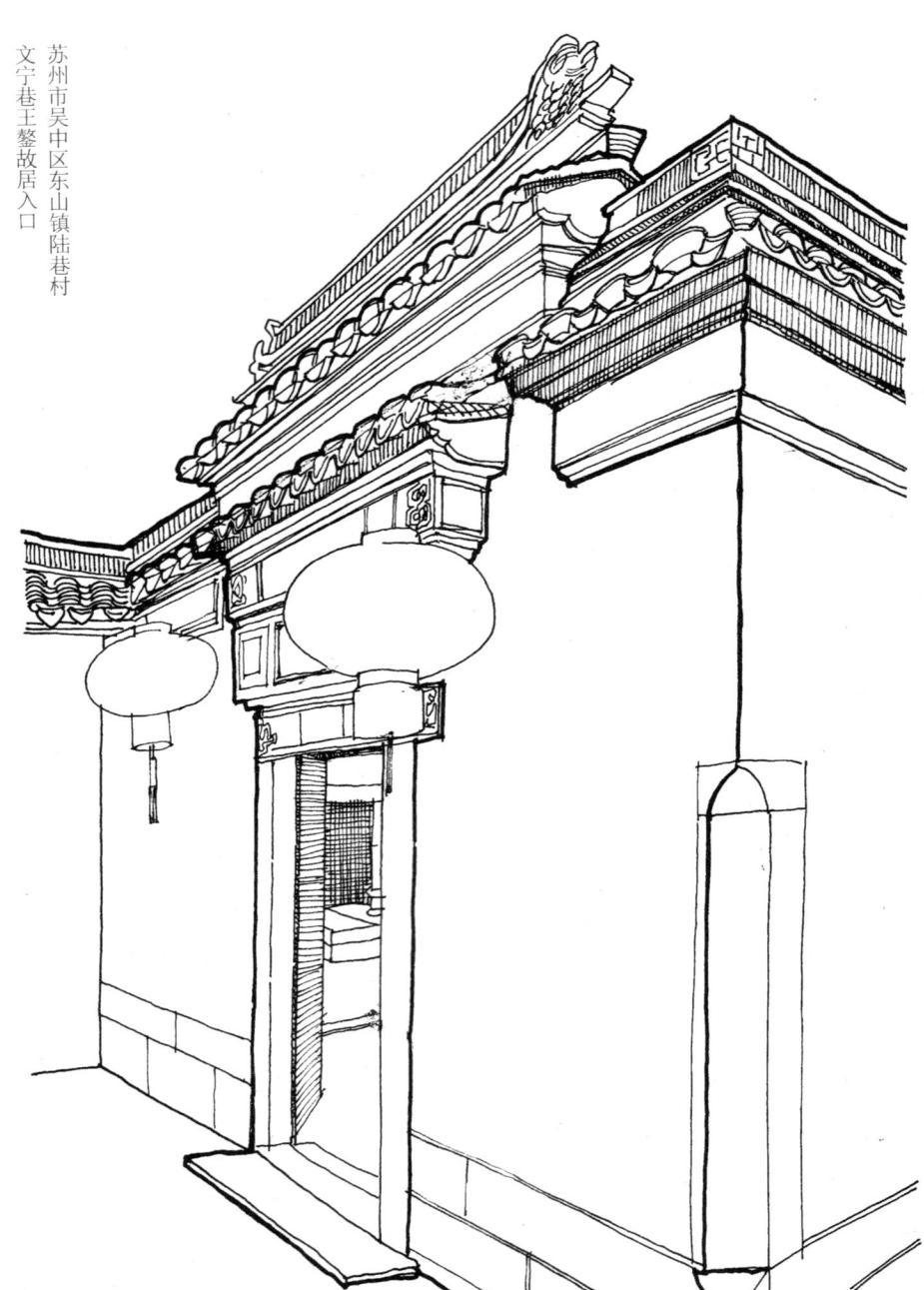

是元末至正年间（1134——1368），张士诚为裨于军队人员往来和物资运输，遂役众开挖新的运河航道，由伍临港凿河至杭城武林门外北新桥北，从而将塘栖与杭州径直贯通成了一线。江南运河的中线开始自平望和王江泾，经乌镇至塘栖镇，西线自平望、震泽、南浔、新市至塘栖则一跃而为苏、嘉、湖、松、杭、诸府间交通的要冲，形成了"凡舟不入上塘河者，皆行于此"[1]的局面——来往船艘也可不经临平，凡不经临平者均取道塘栖。

基于如此重大的际遇，大约自明初始与临平平分秋色。明正统七年（1442），巡抚又率众开筑了自北新桥至嘉兴府崇德县界的官道，至此，塘栖除了水道外，又多了陆路运输的新途径，水陆并行。随着地位的急速上升，运河的漕运、邮驿等一应机构和设施也逐渐从临平迁移到了塘栖，"唐栖之人烟以聚，风气以开"，"唐栖官道所由，风帆梭织，其自杭而往者，至此少休，自嘉（兴）、秀（水）而来者，亦至此而寓宿，水陆辐辏，商贾鳞集，临河两岸，市肆萃焉"[2]。

市镇约形成于明正统年间（1436），至弘

[1] ［清］（光绪）唐栖志（卷二）·山水．

[2] ［清］（光绪）唐栖志（卷一）·图说．

治年间规模毕现。我们不妨来看看相关的材料和记载。建于弘治十一年（1496）、迈越运河之上的通济桥是连接河之南北主要的津梁。据弘治十一年华亭人钱福所撰《重建长桥计》曰："……裔是而往交横闽越之珍商巨贾，凡以充中国之要需，秦晋鲁吴之铁冶、毛罽，凡以济南土之不及。"[1] 这段话中，不啻点名了该镇的商品货物业已荟萃了南之闽越，北之陕西、山西、山东及东南等本地所欠乏的物资品类。明嘉靖年间，市镇趋于历史的鼎盛时期。街市上不仅商贩晨昏繁忙，而且庐舍密集："其地联带江湖、接引瓯越，萦洛吴会，使传之经行，商贾之走集，徒旅之往来，既以会道之冲而凑津途之要，又其大溪中横，旷岸并睨，市区氓橡鳞次栉比。北乡左右越墟，出贩者晨驰夕鹜，肩摩迹累……"[2] 这也说明，终明一代，该镇以水陆交通要冲和商品集散之重地跻身于江南巨镇之列，各路商贩尤其是徽州商帮纷纷麇集于此。有鉴于此，明末胡元敬曾经总结到："（塘栖）镇去武林关四十五里，长河之水一环汇焉。东至崇德五十四里，俱一水直达。而镇居其中，官舫运艘、商旅之舶日夜联络不绝，矻然巨镇也。财货聚集，徽杭大贾视为利之渊薮，开典、顿米、贸丝、开车者，骈臻辐辏，望之莫不称为财赋之地。"[3]

　　凭借着杭嘉湖富饶的水乡平原地理优势，镇区还发展了丝业和果业，成为远近闻名的丝业之镇和果业市镇。其丝虽不及菱湖、双林、南浔等丝镇，却也"遍地宜桑，春夏间一片绿云，几无隙地，剪声梯形，无村不然，出丝之多，甲于一邑，为土植大宗"[4]。四乡农户经营的水果和经济作物，举凡枇杷、蜜橘、桃、梅、甘蔗、

"培植极工,旁无杂树,一亩之地,值可百金"[5]。所产的枇杷,以白为上,红略次之。迨至农历四、五月间,乡民采摘繁忙,"筠筐千百,远贩苏沪,岭南荔枝,无以过之"[6]。所产青、红二梅,青者蜜饯,红者入药,"苏商收买,每就地之开圆场"[7]。尤其是独山迤北的横里村以种梅为最,农户庶几以种梅为业、梅畦为田,梅花开时,弥复十余里,一望如雪[8]。镇的南缘数十里即为著名的赏梅圣地——超山。故塘栖可谓处于南北梅丛之中,是江南三大果业大镇之一(其他为东山、西山)。

大型市镇往往处于多条河流的交汇处,成为商贾云集的码头,塘栖也不例外。从空间结构上看,与南浔、濮院镇等十字港型不同的是,其虽处于宽阔的运河与市河交叉处,但格局却呈丁字状——运河北岸的水北大街、南岸的河南诸街以及市河东市街、西市街均有桥梁相连,镇南尚有小十字港,南首有南市街(南横头)[9]。东西的运河将镇区分成南北两大片:北岸以广济桥堍为界,东自广济桥以东至市河一段,系杭州至嘉兴的塘岸

[1]
[清](光绪)唐栖志(卷三)·桥梁.

[2]
同上.

[3]
[清](光绪)唐栖志(卷一八)·风俗.

[4]
[清](光绪)唐栖志(卷一八)·物产.

[5]
同上.

[6]
同上.

[7]
同上.

[8]
[清](光绪)唐栖志(卷二〇)·杂记.

[9]
[清](光绪)唐栖志(卷一)·图说.

纤道，这也是市镇与外埠联系的主要陆路孔道；西自广济桥以西，为四乡农户往来镇区的便道，与水北大街呈成平行状（现已统一改为水北大街）。南岸的桥西大街位于广济桥西，上下两塥，上为宅第市肆，下为纤道，这里"商农交集，贸易繁多，倍于他市"[1]。笔者分别于2010年冬、2011年11月两次至该镇踏勘，见桥西大街改建、重修工程已大体竣工，已不复昔时闹市之景象。广济桥东南岸的大塘街北临运河，是主要的商业街。昔时"局面恢宏，铺肆饶裕"，吉家兜街"其间医室、画铺、茶室、酒店居多"[2]。不仅店铺密集，而且街道在骑楼之下，可遮风避雨，故"商农泉货，云集咫尺，雨旸风雪，屏隔户外。虽肩贩力夫，亦不知有风霜暴露之苦。他处市廛，无佳于此者"[3]。其他尚有西市、南市街等。

明季至清乾隆间的百年历程，成就了其黄金时期。镇中名流荟萃，人文兴盛，文嘉、王穉登等士人墨客接踵而至，流连忘返。王穉登曾经有诗云："十年频客越，四度宿塘栖。"[4] 镇市中古迹、名刹和园亭宏第遍布，如镇北的吕园、丁氏别业、卓园、水一方、吴园、竹里馆、柳堂、西园等。其中，丁养浩所构筑的别业中有漳溪、景薇堂，"前后树石位置皆文衡山、仇十洲两家经营"，"吴中谢时臣、沈青门、周东村皆往来倡和于此，盖名流聚会之所也"[5]。文徵明、仇英为其擘画构图，可见与户主非同一般的关系和友情。

塘栖镇在清咸丰年间一度成为清军和太平军战争的战场，清军为抗御其攻势，遂拆除塘栖运河的堤岸巨石以筑垒构堡，使"舟行牵纤陆行便舆"的塘堤遭受破坏，其后虽经修复，但已"远不如前"[6]。

二、南浔

明清时丝织业与加工业市镇荦荦大者，以南浔、双林、乌镇、菱湖和震泽最为著名。以丝论，又以湖丝——湖州及四周生产的生丝，尤其是南浔"辑里丝"品牌最富声誉。

南宋淳佑年间（1252）设官建镇的南浔位处苏、嘉、湖、杭四城市的交汇处，是湖州至苏州、嘉兴、上海水陆交通的必经之地。市镇工业化的发展和商品市场的扩大，既刺激了农业经济生产的发展，也造就和壮大了商贾阶层，进一步促进了南浔的繁荣。明末清初时已是"圜阓鳞次，烟火万家，苕水流碧，舟船辐辏，虽吴兴之东鄙，实江浙之雄镇"[7]。至道光年间南浔"东西南北之通衢，周约十里，郁为巨镇"[8]。其空间格局以"十"字形河道为骨架。镇北浔溪两旁布置石头水埠、店铺及河街的空间格局，水埠以踏步石作的基本形式从河岸延伸至市镇入口，从而成为一种特殊的"道路"。镇东沿西线运河的百间楼东西两侧尤其是东岸莲花桥至长桥之间，河道宽阔而逶迤，贴河而建的民居建筑或高低错落，变化有序。区间中

[1] ［清］（光绪）唐栖志（卷四）·街巷.

[2] 同上.

[3] 同上.

[4] ［清］（乾隆）唐栖志略（卷下）·寓公.

[5] ［清］（乾隆）唐栖志略（卷下）·园圃.

[6] ［清］（光绪）唐栖志（卷四）·街巷.

[7] ［清］汪日桢.南浔镇志（卷一）·疆域.

[8] ［清］范来庚.南浔镇志（卷首）·凡例.

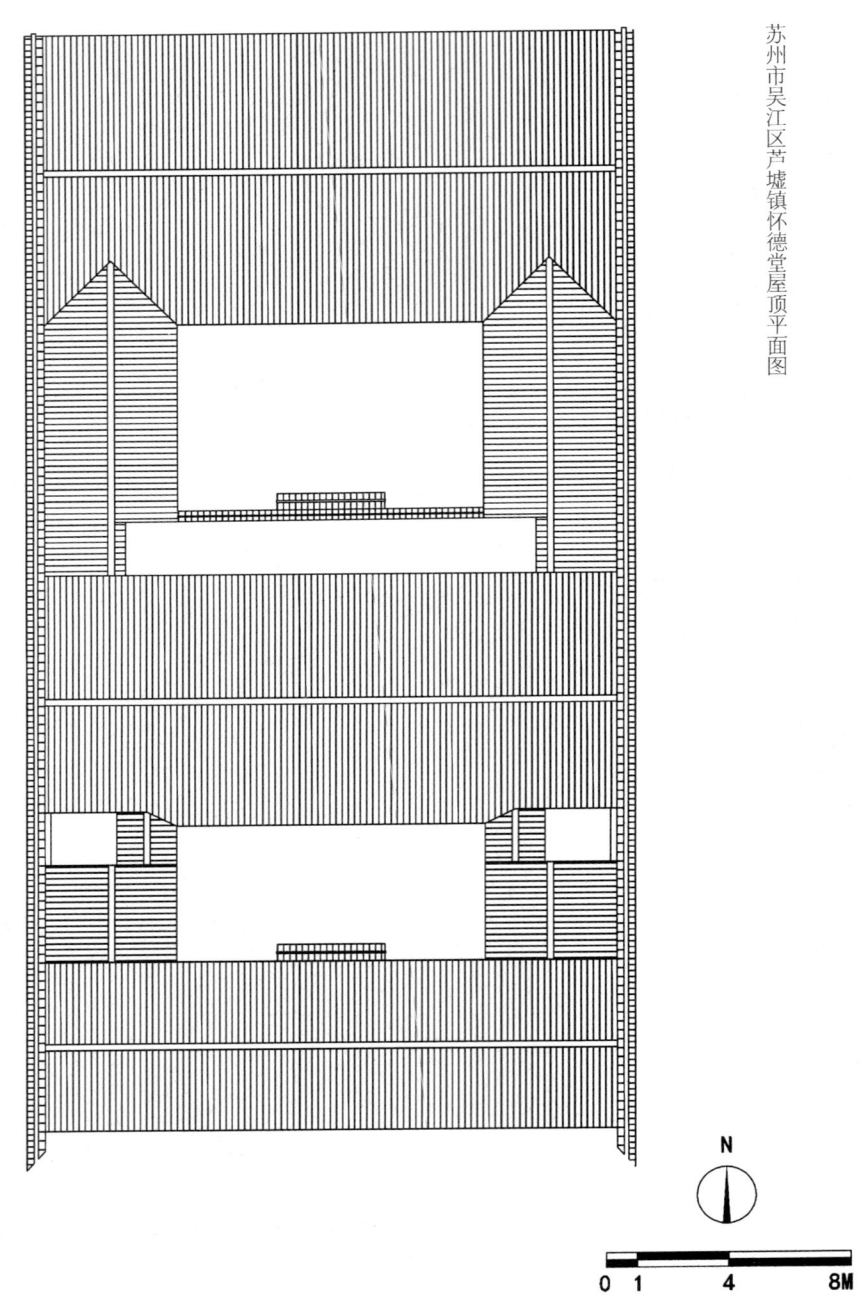

苏州市吴江区芦墟镇怀德堂屋顶平面图

条石驳岸齐整,河埠密布,这里以建筑券门形式——建筑承重柱梁向前伸出、上作披檐(腰檐)或楼居,形成了独特而富有节奏的水埠和道路景观。对于南浔丝业贸易,邑人曾多有描述。如清代董蠡舟《卖丝》曰:"闾阎填咽驵侩忙,一傍大书丝经行。就中分列京广庄,毕集南粤金陵商。商多窃揣丝当贵,亟向丝行埭上卖。一车值不盈三千,牙郎吹毛恣狡狯。"许多小型丝行概如温丰诗中所叙:"蚕事乍毕丝市起,乡农卖丝争赴市。市中人塞不得行,千声万声聋人耳。丝牌高挂丝市廛,沿门挨户相接连。喧哗鼎沸晨至午,骈肩累迹不得前。"丝行埭和通津桥外俨然成为贸易的中心,乾隆时人曹仁虎的《南浔竹枝词》记叙了通津桥旁"丝行埭"交易的图景:"红蚕上簇四眠过,金茧成来欲化蛾。听道今年丝价好,通津桥外贩船多。"[1] 生产的生丝、丝绸、棉纱和棉布畅行海外,数量巨大的资源从市镇流向海内和海外,极大地推动了市镇的建设力度和繁荣景象,也诞生了海内十大商帮中的浔商集团。以丝商群体论,20世纪初刘、张、庞、顾四大家族资产已跻身于中国一流巨商之列。

[1] 南浔镇志编纂委员会. 南浔镇志 [M]. 上海:上海科学技术文献出版社, 1995:397.

市镇中店铺既多，下店上宅、前店后宅的建筑组合与格局十分普遍。因店铺较少占据过多街面，故建筑只能垂直于街巷往纵深拓展，在层层递进的进深中依靠天井采光、通风。二层的生活起居主要由卧室组成。平面纵深多进的也分前后楼，前楼卧室因有排窗面对河巷，视野开阔；如两街对合，则两两相对。前者如南浔百间楼沿河二层楼居卧室。南浔镇中，众多丝商建筑宏敞，用料考究，做工精细。镇中张石铭宅、张静江宅、刘墉和刘承干宅等丝商住宅，为镇中有数的府第豪宅。

从建筑形式和风格上看，刘墉小莲庄中的东升阁及其三子刘安泩位于南西街的崇德堂、刘承干的求恕里宅院和张石铭宅院等，大多采取的是全盘"拿来"、少量地与当地传统建筑相结合的路数，不过此时的结合尚显生硬。其中，光绪三十四年（1908）年竣工的（刘安泩）崇德堂，由南、北、中三部分组成。中部建筑以传统吴兴住宅建筑为本；南、北部建筑与欧西建筑杂糅，又以北部古典欧式建筑立面最为壮观：清水红砖，水泥嵌缝，两层拱券式廊道造型与两翼窗户形式统一，硕壮而劲捷的多立克式水泥柱在红墙的衬托下益显光彩，而两侧的山墙则运用了传统的封火屏风式，高标耸立在屋面上。

位于南西街的张均衡（石铭）宅第规模宏大，风格奇特。该宅建于清光绪二十五年至三十一年（1899—1905），由旧宅（懿德堂）、原顾寿藏宅和原董宅组成。占地总面积5 135平方米，建筑面积6 137平方米，共五落四进，房屋244间。懿德堂前临南市河，坐西朝东。其北侧原为顾宅，门厅、大厅均为一层，腰门后设砖楼；第三进为内厅，两翼廊庑的护栏、入口落地罩和墙垣上镶嵌和点缀浅绿色芭蕉叶图形的木雕和砖刻。其形玲珑剔透，其色明艳鲜丽，在近乎玄黑色的木构和素白色的界面中熠熠生辉。二层楼窗中镶嵌着法国阿尔萨斯地区道姆公司于19世纪末、20世纪初新艺术运动时期生产的蓝色蚀刻玻璃，其纹样撷取四时花卉和果品植物之形状，简约而不失韵致，颇显晶莹精雅之美。花纹玻璃以扁横状菱形组合在窗框内，一樘四扇，每扇纵向排列四片，形成了有序美妙的秩序和节奏。南侧即原董宅入口即轿厅，厅后两侧开两天井，以裨通风和采光；第二进大厅面阔三间，即高且敞，厅后屏门可视需要闭合随意；第三进为女厅，有楼呈三间两厢式；第四、五进仿法国古典主义巴洛克建筑风格，由法籍建筑师设计，呈现出18世纪法国巴洛克建筑的风格。

南浔历史上有沈榷、朱国祯、温体仁三宰相，明代尚书、文渊阁、武英殿和建极殿大学士朱国桢，为政间，力主减轻农户负担，曾提出均田便民主张，得到广大农民的拥护。他为官正直，反对阉党把持朝政，独善不阿，洁身而退，"移得菩提种，秉烛栽西园"。所著《涌幢小品》，内容赡备，包罗宏富，具有很高的史料价值。还有近现代书画鉴藏家庞莱臣、张葱玉，古钱币收藏名家张叔驯。顾家兴学尊文，乾麟以其父顾叔苹之名创办了"叔苹奖学金"，奖掖优秀学子。抗战时资产被日寇无端冻结，顾氏毅然取其妻子首饰变卖，筹款续办奖学金，于艰难时局中笃守育才之大道。藏书楼则以建于1920年的南浔嘉业堂藏书楼保存最为完好。王国维、郑孝胥、罗振玉、吴昌硕和张元济等都曾为之供本刻印。镇上藏书处还有刘桐的"眠琴山馆"，蒋维培的"俪嬴馆"，蒋维基的"求有斋"，寻女藻的"密韵楼"，泽祉邑人，流风未艾。

至于镇中的五园,即小莲庄、适园、宜园、刘氏梯号和张氏庭苑,以小莲庄最为精妙,且风貌如初。

三、明月湾

终明一代,东、西两山人群外出经商已蔚然成风,活动范围和经营内容既广且丰。崇祯《吴县志》曾记载曰:"吴域阻山负湖,非若他邑之多平壤都腴田也,湖渔山樵仅足衣食,欲求殷户其可得乎?东西洞庭之民,鲜负农耕,多业商贾,地产果植,力作俭勤,不同城郭之浮荡,亦累困剧役不堪命矣。"具体地说,西山商人活动的空间范围大致在长江流域的南方,部分参与至海外贸易活动中。明末苏州人冯梦龙在《醒世恒言》中曾经评介两山人,善货殖,人称"钻天洞庭"——昔时将其与徽商相论,遂有"钻天洞庭遍地徽"的谚语。

明月湾村商人经营的主体以米粮和布帛业为著,著名的枫桥米业会馆的发起人之一便是村中吴氏第十五世孙吴仲昭[1]。据《洞庭明月湾吴氏世谱》载:"(吴氏)商贩谋生,不远千里,荆湘之地,竟为吾乡之都会,而川蜀两广之间,往来亦不乏人,敬无赀本,负贩亦所不惜。"嘉靖时,十世孙吴允峰"以困于境不能卒业于儒……因竭微赀,南贾豫楚"[2]。明清之际的吴促昭,"博生产于异地,因容楚之湘潭"[3]。村中另一大族邓氏,明清时也多于荆湘间业贾。如邓文于楚汉间奔走四十余年,其子邓秉臣随父"自少至壮,往来于三湘七泽间"。村中大姓秦氏子弟中亦多有善贾者,如明代秦声在楚南开典设铺……在沈氏家族中,明初有沈季文经商于淮楚间，贸迁数年，收入殷富；康乾间，沈升于芜湖处业商十余年。还有沈名芳，亦逐利于荆沔，均家业大隆。由于家第资产雄厚，家境殷实，在一定程度上确保了这些望族富贵门祚的悠久恒远。

明月湾一名据传因吴王和西施在此赏月而得名。白居易、皮日休、陆龟蒙、刘长卿等都曾到此留下了赞美明月湾的诗作，如白居易"掩映橘林千点火，澄潭水一盆油"，皮日休"试问最幽处，号为明月湾"，陆龟蒙"择此二明月，洞庭看最奇"——历史上的诗翰词章中所写村落并指名道姓的并不多见，且村名依旧、村址依旧，村落的格局也大致如初，洵属难得。南宋时此地成为黄河流域民众避难的桃园，大批移民接踵而至。如祖籍河南南阳的邓氏，始迁祖为南宋左正言（谏官）邓肃，其六世孙邓迁于南宋末由本镇绮里徙居明月湾，子孙繁衍，清道光朝两广总督邓廷桢即为邓迁之后，曾与林则徐并肩在广东东莞英勇抗击英军，也曾于嘉庆八年（1803）返乡寻根问祖，拜谒祠墓。抗金名将四川宣抚使吴璘之子吴挺，始迁祖吴氏乃南宋四川宣抚使吴璘之幼子，改名

[1]
洞庭明月湾吴世谱．

[2]
吴仁安．明清江南望族与社会经济文化[M]．上海：上海人民出版社，2001：230．

[3]
[清] 韩孝其．仲昭吴君传．

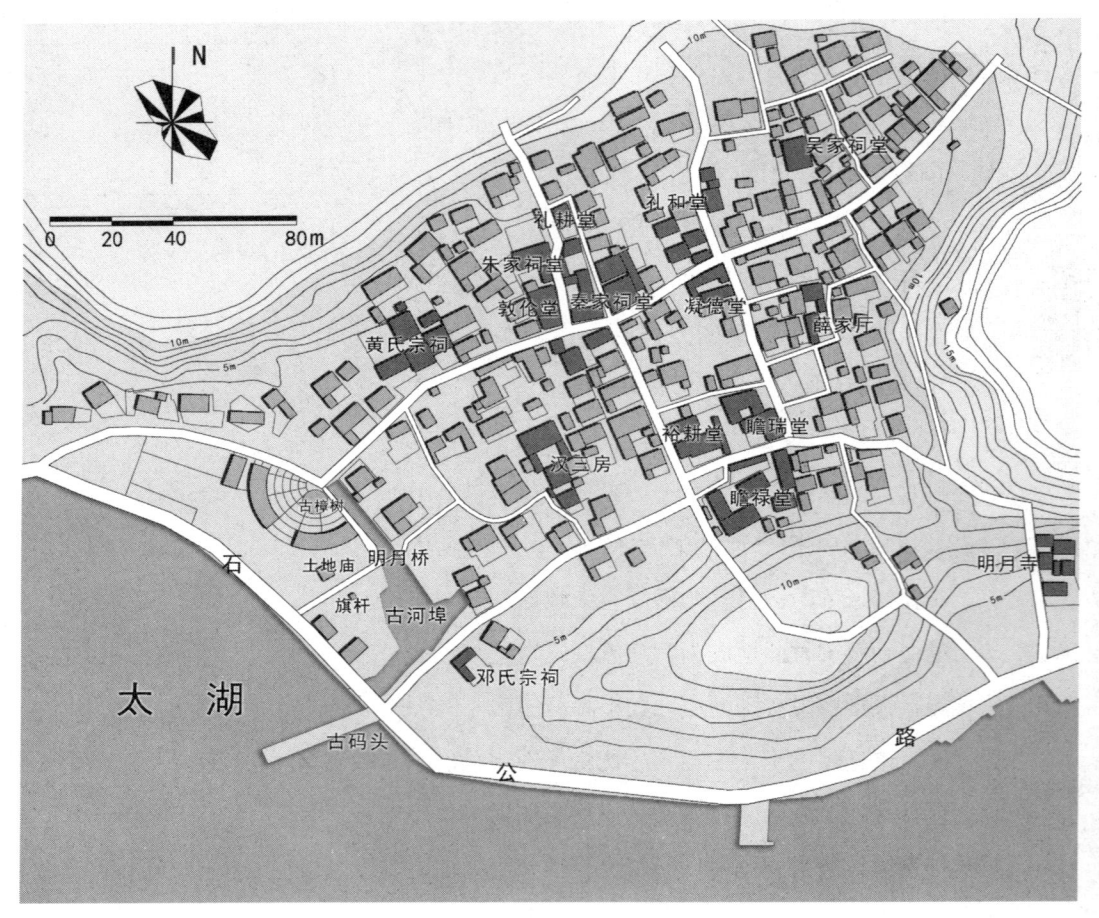

明月湾村平面图

吴咸，字韫。秦氏始迁祖是宋朝龙图阁学士秦观的第五世裔孙，他于"康熙时，由晋陵徙居吴兴临平营别业于义皋，尝游洞庭，爱山水之胜，遂筑别墅于消夏湾之安仁乡"。因其"卒葬于缥缈峰下飞仙山之阳，子君显公守墓于此，遂卜居焉，更乡名为秦家堡"[1]。还有福建邵武的黄氏，南宋明经博士、著作左郎黄明善为迁山之祖，其八世孙、太学生黄铣山于明初自本镇秉常里迁居至此……

明月湾人外出经商发家致富后，约在清乾隆、嘉庆年间掀起修桥铺路、宅第和祠堂等民用、公共建筑及寺庵的建构高潮，此起彼伏，村落建设活动臻于鼎盛时期。其中，建于清乾隆三十五年（1770）的石板街，总长达1 140米，共用4 560余块金山花岗条石铺成，俗称棋盘街；街道下是排水沟，一俟雨天，雨水和山洪从沟渠中迅速排泄。还有沿湖的码头，共耗用了256块金山花岗条石铺成，总长58米，宽4.6米。总观其村，由大、小明湾两部分组成：主体大明湾包括东山岭、陈毛山、潜龙岭、里山、南湾山和石牌山等，山岭自东至西环抱。小明湾南告淼太湖，明月湾古寺迎湖，背倚

[1] ［清］洞庭秦氏宗谱·初编洞庭秦氏宗谱序．

丛岭，似浮玉碧珠，形成颇为隐蔽的地貌特色。南北、东西向各有两条主街，由西向东渐次升高，曲折并行。多条小巷与之垂直相交，构成近似棋盘状的格局。在三面环山一面湖的约9公顷的古村中，天水相接，一碧万顷。

村内明清建筑，高低错落，斑驳苍古，敦伦堂、礼和堂、瞻瑞堂、裕耕堂、汉三房等明清宅第古韵盎然，风貌古朴。村落植栽经年葱绿苍翠，深藏不露，深得桃花源意境。四周花果飘香，村民以种植果树、碧螺春茶叶和捕鱼为生，生态十分优美。是故清代诗人沈德潜在《洞庭明月湾吴氏世谱序》中谓之"洞庭西山明月湾，峰峦耸翠，溪流环碧，人烟鸡犬在花林中"。又，清代诗人凌如焕在《洞庭西山纪游》中"水抱青山山抱花，花光深处有人家"的诗句，大抵就是该村生动而真实的写照。

第六章 / 民居建筑

沿运城乡中的传统住宅建筑风格言，大致可分为江淮和江南两大类型。江淮建筑风格以南京、镇江及其辖属区县为主，延续了周边如扬州、泰州、高邮、兴化、淮安和句容等地的建筑形制、平面布置方式和结构模式，即以院落为中心，组成三合院或四合院的居住形态；江南建筑风格以苏州、常州、无锡、常熟、太仓、松江、嘉兴、湖州和杭州等为中心，大型住宅系以各种合院为基本空间单元，间、厢、院（天井）三者组合、拼接。小型住宅往往以一个天井为中心，房屋环绕天井布置。中等规模的住宅除正落之外，大多不设边落以及附属用房。房屋平面的格局构成主要采取沿纵轴进深方向，布置多进单元的手法，单体建筑平面形式以间为单元，基本的平面布置模式大多为长方形的横向一明二暗状。建筑外观大多为白墙黛瓦，正立面木构面积较大（多），与镇江地区一色的青砖墙体式、较少木构的江淮系建筑用材区别明显。建筑本体上，江淮建筑多闭合以沉穆、厚实为特色，江南更趋多样、精细和飘逸。

住宅建筑形制、空间形态、匠作体系和装饰的形成和流布受制于多种因素，本章以时代为经，地区为纬，简要叙述明、清、民国三个时期江南地区具有代表性的建筑及其地域性特征。在17世纪英、法语中的"远东"，和明季徐光启、李之藻等创造的"泰西"一词，标志了欧风美雨与东方中国的碰撞。双方都是以自我为中心地看待世界，将对方作为陌生的"他者"。在这场旷日持久的"对话"和交流中，中国显然是被动和被迫的。1840年鸦片战争以降，中国传统文化在还没有达到自我扬弃以实现时代转换的时候，因遭遇外来文化的撞击而进入剧烈的转型期。西方列强以坚船利炮为先导，挟其建筑所持的技术和结构与本土传统建筑产生了剧烈冲突、碰撞和交融，异质建筑文化的对话，使中国近代到现代建筑的转型裹卷着史无前例的普遍性和深刻性，也形成了近代以来"中体西用"、"西体中用"和"华洋杂处"等洋洋大观的建筑样式。受欧美建筑技术和造型的沾溉，众多宅邸在体用取向上呈现出昔时转型和变革的痕迹。

一、明清建筑

明初着力于肃正纪纲、整饬法度、恢复生产和安定社会秩序，力图移风易俗。面对凋敝的社会和经济，采取了重本抑末、力倡节俭和严禁奢靡的基本国策。同时，强化集权，从严吏治，对儒生采取高压、禁锢和杀戮并用的策略，对江南尤课以重税、打击富户和强行迁徙等一系列残酷手段[1]。在物质匮乏、缺乏交流和重农抑商的江南，士农工商四民们大多循规蹈矩，如早期苏州"尊卑贵贱，悉有定制，奢僭之习，为之顿革"[2]。在多重压力中，农户们被迫兼营副业，抑或从事手工业生产以应对重赋及生齿日繁之难。江南社会因明初的集权统治一度呈现出单纯、质朴、萧瑟和沉穆的面貌，至正德、成化后，渐显松弛迹象，及至隆庆、万历的活跃和反弹——在中晚期社会变动和仰末政策的偏转中，与明初形成了逆向的态势：工商业经济经历了官营在明初占主导地位、私营在中后期占绝对优势的此消彼长、错位明显的过程，并成为社会生产的主要构成和力量；"金花银"的推行促进了田赋的货币化、"一条鞭法"将徭役折银征收等，因基本废除了丁税，使农民的人生控制得以松懈，生产积极性也有所提高。自"弛用银之禁"后，海外白银又不断流入，货币流通量得以扩大……彼时，苏州"（城西）金阊一带，比户贸易……"[3]晚明杭州"若末作之人，负贩之流，百结蓝缕，饔飧不继者，何多胜数"[4]。繁荣的商贸导致移民从四面八方不断地涌入并快速增长。在贸迁业贾的洪流中，地域性商帮逐渐形成，苏州洞庭等商帮强势崛起，足迹遍四方、贸迁天下。

从人类社会和历史发展的一般规律看，生产力快速发展暨物质和生产模式的变革和发展，势必会波及到社会经济和文化等方面的各种变化。随着商品经济和市场的快速发展和繁荣，江南的市井文化也得以萌动和发展，也促生了新的经济思想，它与彼时的人性与礼法的争斗恰成呼应。正德、嘉靖年间陆楫（1515—1552）《蒹葭堂杂著摘抄》中有段著名的议论："论治者类欲禁奢，以为财节则民可与富也。噫！先正有言：天地生财，止有此数。彼有所损，则此有所益，吾未见奢之足以贫天下也。"[5]陆氏在现实的审度中融入了经济学的基本推导："所谓奢者不过富商大贾、豪家巨族自侈其宫室车马饮食衣服之奉而已；彼以粱肉奢，则耕者庖者分其利；彼以纨绮者，则鬻者织者分其利。"[6]他认为，朱明王朝统治者在初期的"类欲禁奢"并不明智，长期以来备受诟病和压制的消费观在商品经济活动中具有合理性。由现实生发的功利主义和机会主义极大地调动和刺激着人们的欲望和心旌，映现在价值观变迁上的不啻崇本抑末、重农固本的传统观念开始晃动，商贾商业地位的逐渐提升、贵义贱利标尺的变易暨拜金观念的滋长臻于明显，以至于"满路尊商贾，穷愁独缙绅"[7]。

此时，不惟商人经营，一些士大夫亦参与其间。如官至吏部尚书的仁和（今杭州）人张瀚，祖上"以沽酒为业"，后购绸机"织诸色纻

[1]
昆山沈万三、嘉定万二、松江曹、瞿、吕、陶、金、倪等数以百计的富户，命运悲惨。参阅田艺蘅《留青日札》、朱国桢《涌幢小品》、刘玉《已疟编》、杨复吉《梦阑琐笔》等。被强徙至北地者的家财皆遭籍没。参[清]张廷玉《明史》卷七七《食货志一》、卷一二七《李善长传》、[明]徐学聚《国朝典汇》卷八九《户部三·户口》。

[2]
[明]（洪武）苏州府志（卷一六）·风俗.

[3]
[明]（崇祯）吴县志（卷一〇）·风俗·民业.

[4]
王国平.西湖文献集成（第1册）[M].杭州：杭州出版社，2004：539.

[5]
余英时.士与中国文化[M].上海：上海人民出版社，2003：546.

[6]
同上：547.

[7]
[明]孙枝蔚.溉堂后集（卷四）·过仪真有感.

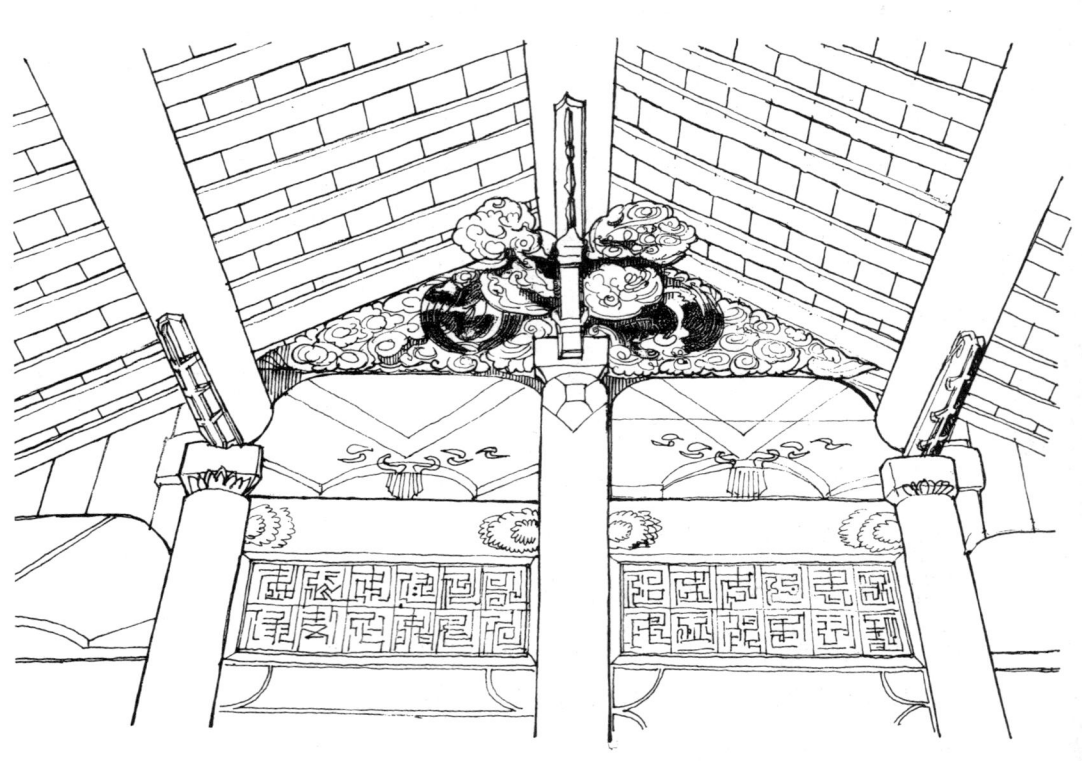

常熟市虞山镇南赵弄赵用贤宅保闲堂梁架

币，备极精工，每一下机，人争鬻之，计获利当五之一……"[1] 东林党人顾宪成之父曾"试为酒人、豆人、饴人、染人，渐能自衣食"，后"再迁泾就廛于市"[2]；高攀龙父兼营高利贷，"纤啬治生产，米盐琐悉一切躬亲之，以其赢与里中交质为一息，卒之日积千余金"[3]。是故松江人何良俊云："昔日逐末之人尚少，今去农而改业工商业者，三倍于前矣。"[4] 且"逐末者多衣冠之族"[5]——最典型的例子当数徐阶，身为内阁首辅居然与民争利[6]！与拜金等相连的是社会向奢风尚开始弥漫，在衣和住方面，一反明初"非世家不架高堂，衣饰器皿不敢奢侈"[7] 之类的秩序和训诫——明初在江南创下的伤痕逐渐愈合。于是，"世庙以来，则江南彬彬盛矣"[8]。这里的"盛"，自然也包括经济活动和生活方式渐趋或恢复到了原先的轨迹，或如张瀚所概括的三吴风俗般："人情以放荡为快，世风以侈靡相高。"[9] 住宅中出现了大型化和奢华的现象，缙绅文士和商贾们纷纷竞营规模化宅第。如《名山藏》卷一〇二就记载了嘉靖年间（1522—1566）前后的变化，曰："当时人家房舍，富者不过工字八间，或窨圈四

[1]
［明］张瀚.松窗梦语［M］.北京：中华书局，1985：119.

[2]
［明］顾宪成.泾皋藏稿（卷一〇）·先赠公南野府君行状.

[3]
［明］高攀龙.高子遗书（卷一〇）·家谱·谱传.

[4]
［明］何良俊.四友斋丛说（卷一三）·史九.

[5]
［明］（万历）东昌府志（卷二）·地理志·风俗.

[6]
据于慎行载，嘉靖时"吴人以织作为业，即士大夫家，多以纺绩求利，其俗勤啬好殖，以故富庶。然而可议者，如华亭相（徐阶）在位，多蓄织妇，岁计所积，与市为贾"。（［明］于慎行.谷山笔麈［M］.北京：中华书局，1984：39.）

[7]
［清］（光绪）重刊（乾隆十一年）震泽县志（卷二五）·崇尚.

[8]
［明］王士性.广志绎［M］.周振鹤，点校.北京：中华书局，1981：193.

[9]
［明］张瀚.松窗梦语［M］.北京：中华书局，1985：139.

围十室而已。今重堂窈寝，回廊层台，园亭池馆，金翠碧相，不可名状矣。"以苏州为启领风气之先的一股富风侈尚、对奢靡的追求作为生活的理想，蔚然涌动、鼓荡而成主流，引得众人"群相蹈之"。正如王士性所指出的那样："姑苏人……善操海内上下进退之权，苏人以为雅者，则四方随而雅之；俗者，则随而俗之。"[1]

　　明史中详尽地记叙了百官宅第的各类"注意事项"，对各级官员宅第等级有着详细的规定，提醒百官们要谨守要义，对黎民百姓的规定则更为苛刻谨严，"庶民庐舍：洪武二十六年定制，不过三间，五架，不许用斗拱，饰彩色。三十五年复申禁饬，不许造九五间数，房屋虽至一二十所，随其物力，但不许超过三间"[2]。这些礼制等级涉及从开间、结构、材料、色彩、纹样、形式等的方方面面，无一疏漏。在苛严的等第制约中，明初房屋普遍趋向俭素，鲜有越僭之例。历经洪永的苛严、正景的变通、成弘的宽大和隆万的松懈等，士大夫们有感于朝政的无常或疏离，以治生为急务的思绪得以蔓延，士风变化则以1506年明武宗朱厚照登基为界，前后似可分为两个阶段。闽人谢肇淛较为细致地交代了大兴土木的缘由："缙绅喜治第宅，亦是一蔽。……及其官罢年衰，囊橐满盈，然后穷极土木，广侈华丽，以明得志。"[3] "缙绅喜治第宅"作为常态，似乎可以此时为肇始——年青或中壮年时，历仕朝廷，掌管王事，或家什未立，或岁月无情，兼及朝政无常、宦官当道，于是，弗论囊橐盈虚否，迨及年衰返乡之际，经营终老之所以颐养天年便成为颇为普遍的想法和举措。江宁人顾起元转引同代王丹丘《建业风俗记》所载曰："……（南京）正德已（以）前，房屋矮小，厅堂多在后面，或有好事者，画以罗木，皆朴素浑坚不淫。嘉靖末年，士大夫家不必言，至于百姓有三间客厅费千金者，金碧辉煌，高耸过倍，往往重檐兽脊如官衙然，园囿僭拟公卿，下至勾阑之中，亦多画屋矣。"[4]

这种嬗变在吴江县也能找到相似的例子："明初，风尚诚朴，非世家不架高堂，衣饰器皿不敢奢侈，若小民咸以茅为屋，裙布荆钗而已。即中产之家，前房必土墙茅盖，后房始用砖瓦，恐官府见之以为殷富也……万历以后，迄于天（启）、崇（祯），民贫世富，其奢侈乃日甚一日焉。"[5]明中叶后包括建筑在内纲纪渐趋松弛，一越明初严禁庶民厅房逾三间等制度限定，更兼"正统十二年令稍变通之，庶民房舍架多而间少者，不在禁限"[3]的宽松，由是，"代变风移，人皆志于尊崇富多，不复知有明禁，群相蹈之"[7]。故正、嘉时上海人唐锦称："江南富翁，一命未沾，辄大为营建，五间七间，九架十架，犹为常耳，曾不以越分为愧。浇风日滋，良可慨也！"[8]明季松江董其昌的府邸为："数百余间画栋雕梁，朱栏曲槛，园亭台榭，密室幽房……。凡珍奇货玩、金玉珠宝，与夫丽人

[1] ［明］王士性.广志绎［M］.周振鹤，点校.北京：中华书局，1981：219.

[2] ［清］张廷玉.明史（卷六八）·舆服四.

[3] ［明］谢肇淛.五杂俎（卷三）·地部一.

[4] ［明］顾起元.客座赘语［M］.南京：南京出版社，2009：148.

[5] ［清］（光绪）重刊（乾隆十一年）震泽县志（卷二五）·崇尚.

[6] ［清］张廷玉.明史（卷六八）·舆服四.

[7] 张瀚.松窗梦语［M］.北京：中华书局，1985：140.

[8] ［明］唐锦.龙江梦余录（卷四）.

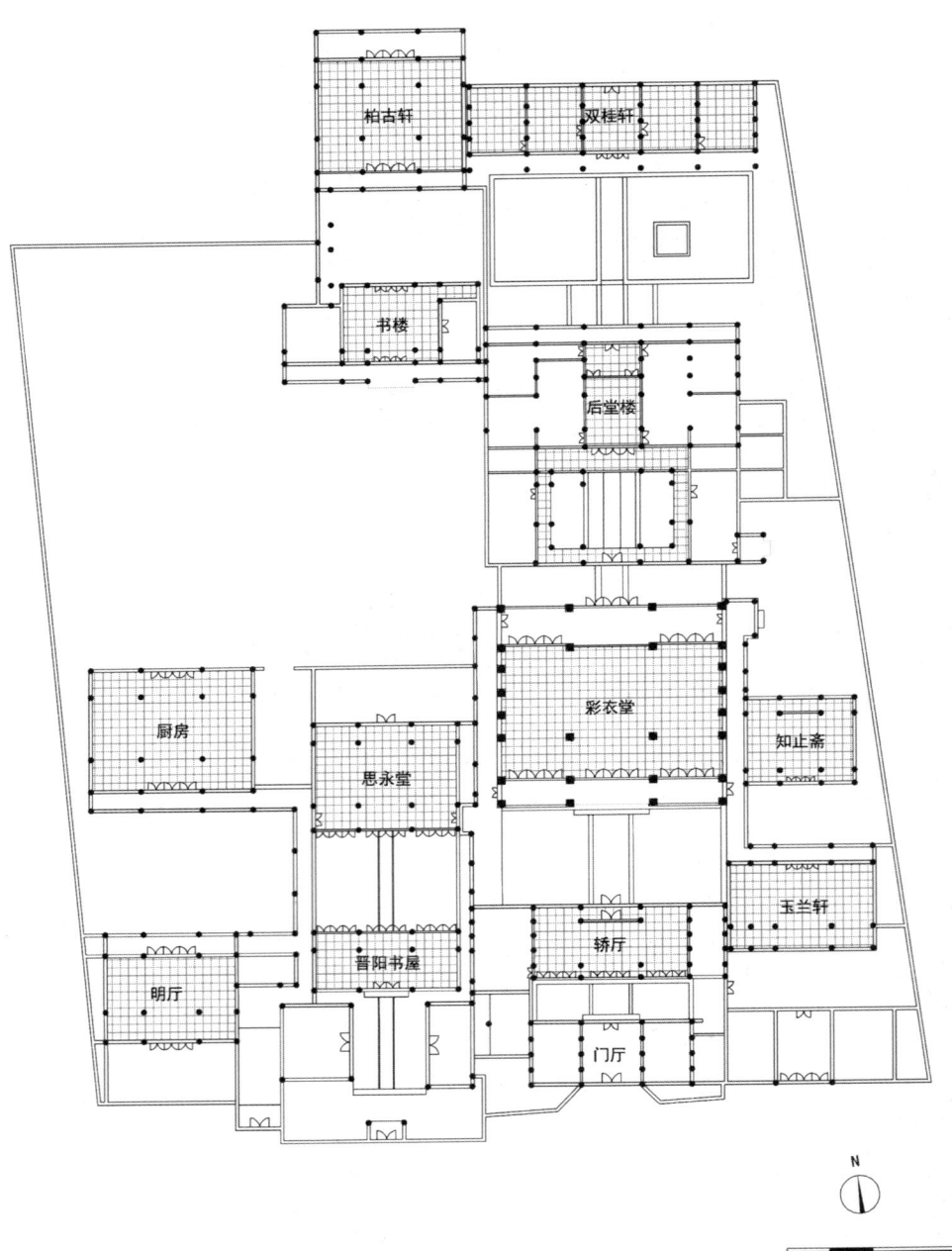

常熟市彩衣堂平面图

尤物，充牣室中。"又述及其子的第宅："董祖源初辟居时，止数十椽，以后广而大之，乃尽拆赁房居民之居而改造焉……造堂屋约有两百余间，楼台堂榭，高可入云，粉垩丹青，丽若宫阙，此真轮奂之美也。"[1] 又据《旧钞董宦事实》记载，董其昌子的第宅："董祖源初辟居时，止数十椽，以后广而大之，乃尽拆赁房居民之居而改造焉……造堂屋约有二百余间，楼台堂榭，高可入云，粉垩丹青，丽若宫阙，此真轮奂之美也。"[2]

士大夫的宅第一部分来自于帝王的赏赐。如嘉靖赐顾炎武先祖顾章志第于千墩（灯）蒋泾南岸，其他还有如松江徐光启、钱机山和顾正心的府第等。光禄寺卿顾正心赐第位于府治南、城隍庙西，门楼龙额金书，特命"嘉义"，制极壮丽[3]。除少量的赐第外，主要还是以自建为主。大学士申时行在苏州城内的宅第共八处：衙前、百花巷等各四宅，分名金、石、丝、竹、匏、土、革、木。庭前俱植白皮松，阶沿皆用青石；厅内"赐闲堂"匾为神宗万历所赐[4]。士大夫的厅堂以五间居多，厅前常设门屋，俗名"五厅三泊暑"——意为可于此障炎

[1] 董其昌研究文集[M].上海：上海书画出版社，1998：834—835.

[2] 同上.

[3] [清]叶梦珠.阅世编[M].来新夏，点校.北京：中华书局，2007：237.

[4] [清]顾公燮.丹午笔记[M].南京：江苏古籍出版社，1999：74.

蔽暑，如王锡爵府之门屋。除了如申氏于闹市中外，致仕者多抉择于幽僻之所，欲娱情于山水或市镇之中。张岱曾谈及杭州昭庆寺沿西湖向西、片石居一带的闽阁精舍，为"韵人别墅"；青莲山房又谓包氏北庄，也即包涵所的别业[1]。他曾于天启甲子（1624）在杭州一名为岣嵝山房的处所闭门隐居了七个月之久，该山房据称为"逼山、逼溪、逼发光路，故无径不梁，无屋不阁。门外苍松傲睨，蓊以杂木，冷绿万顷，人面俱失"[2]。

除了历史文献记载外，我们不妨以曹察故居（昭嗣堂）、赵用贤故居、采衣堂、张溥故居、王锡爵故居、保素堂、吴一鹏故居、惠和堂、明善堂、遂高堂、会老堂、瑞霭堂、凝德堂、秋官第、敦裕堂、椿桂堂、怀荫堂、玉燕堂、朱宅、鸿寿堂和楠香斋等业已确证的明代住宅实例为对象，具体讨论明中晚期住宅建筑的形制和"僭越"的量化成分。以上21处按时间论，当首推位于昆山市周庄镇北市河东缘的玉燕堂，该宅始建于英宗正统年间（1436—1450）——也是目前所知的明前期建筑的遗存；苏州惠和堂（王鏊故居）约初建于孝宗弘治至武宗正德年间（1486—1520）；无锡曹察故居建于嘉靖七年（1528）；苏州吴一鹏府第建于嘉靖十一年（1532）；常熟采衣堂约略建于嘉靖年间（1521—1565）；太仓王锡爵故居约建于穆宗隆庆至万历前期（1566—1590）；常熟赵用贤故居建于神宗万历年间（1573—1620）；太仓张溥故居建于熹宗天启年间（1621—1625）——以上8处建造年份确切，且明前期、中期、晚期各具。其他9处即苏州东山镇凝德堂、遂高堂、明善堂、会老堂、瑞霭堂，太仓保素堂、同里镇朱宅、黎里镇鸿寿堂和镇江楠香斋大致建于神宗万历年间至思宗崇祯年间（1571—1644）。

曹察故居又名昭嗣堂，位处今无锡新区硕放镇香楠村。曹察，字玥卿，号晴峰，无锡硕放人，嘉靖七年（1528）中进士，官至汀州（今属福建）知府，此府第为其中进士后所建。清乾隆十三年（1748）曹氏后裔改第为祠。昭嗣堂坐北朝南，前后三进，中轴线上自前（南）至后（北）依序为照壁（河对岸）、门厅、大厅、大堂（昭嗣堂）、牌坊、后堂与后园，建筑面积约665平方米。该堂气势轩敞，面宽七开间达26米，进深十一架共14米，顶高8.4米，硬山顶，居中的三间草架略高、左右两间屋顶略低——形似明代官帽。堂内梁柱等木构庶几咸为名贵的金丝楠，用料粗硕且装折考究。如在堂中脊桁下用以承三层抱梁云、山雾云等雕镂样，还有沂云纹的枫拱、镂缠枝莲纹样的雀替、扁作月梁、覆盆卷杀柱顶、荷叶墩梁垫等。

常熟市虞山镇南赵弄10号赵用贤故居和翁家坊翁心存故居同为全国重点文物保护单位，同为三落（路）建筑群。不过翁居系翁同龢3岁（道光戊子年，1828年）时由乃父翁心存购得[3]。明时格局已不复可考。现宅院占地广

[1]
［明］张岱.西湖梦寻［M］.孙嘉遂，校注.杭州：浙江文艺出版社，1984：99，115.

[2]
［明］张岱.岣嵝山房//陶庵梦忆［M］.上海：上海书店，1982：17.

[3]
在厅堂后步坊高悬的"彩衣堂"匾额中，江苏巡抚陈銮并作小字款识："道光乙未小春，二铭年大人奉命典试浙江，还过吴中，拜太夫人于里第。时值圣母六旬万寿，百僚彩服旬有五日，因述其新居有彩衣堂额，嘱予书之，以识国恩家庆，为德门盛事云。年愚弟陈銮拜跋。"款识说明额题时间为乙未年（1835）即购屋第七年后的春天，据陈转述翁氏自称为"新居"。

6 000 余平方米，建筑面积约 3 000 平方米，现存大小房屋 90 余间。除彩衣堂外，其他均为清代修扩建。坐北面南的彩衣堂位于故居第三进，面积 235 平方米。五架梁并前轩后廊九架椽屋、三开间宽 14.98 米，进深 14.3 米，硬山五脊顶，扁作梁架。赵用贤（1535—1596），字汝师，号定宇，明隆庆五年（1571）进士。赵氏廷杖归里后，致力于藏蓄图书和校刊刻印，撰有《松石斋集》《三吴文献志》《国朝典章因革录》等。赵宅坐北朝南，现存中路共三进房屋，包括门屋、前厅、后堂，以及前厅东缘的书厅"脉望馆"。建筑面积 1 400 余平方米。前厅面阔三间 10.4 米，进深十檩 10.73 米。"脉望馆"面阔三间 7.1 米，进深 4.52 米，明间结构为抬梁式、硬山屋顶，坐北朝南，长窗（隔扇门）上下，前为天井。

位于太仓市城厢镇现新华西路 57 号的张溥故居，原为其伯父、工部尚书张辅之的府第，始建于天启年间。现存共三进，硬山顶，占地面积约 1 400 平方米。张溥（1602—1641），字天如，号西铭，太仓人，官至庶吉士，一生著述宏富。故居原第一进为门厅，惜于 20 世纪 60 年代拓宽道路时被拆除。第二进为正厅，面阔三间，宽 8.53 米，进深 12 米。抬梁式结构、五架梁带前轩，前后檐廊，屋顶内设有草架构造。正厅两侧为两层东、西小厢楼，面宽占梢间，进深浅于正厅，前后均设有蟹眼天井。与苏南其他明代建筑大致仿佛的是，因后堂楼与院子为主人及其家人居住生活之用，故于第二进与第三进之间设有一道二门和高矗的墙垣。第三进为二层的堂楼，上下二层通高 7.7 米，底层一楼高 3.25 米，二层楼高 4.45 米；进深 10.1 米。第三进的堂楼面阔五间，居中堂屋，两侧为内房，两翼次间和梢间用板壁分隔，以作起居之用。梁架也为抬梁式、五架梁、前后檐廊，柱上用一斗。楼前天井石板铺敷，两侧也为两层东、西小厢楼。楼通高 6.6 米，楼下檐廊，楼房抬梁式、五架梁，平梁上以覆莲座蜀柱，柱上亦用一斗。厢楼、堂楼之间用过楼相连贯，另外，堂楼与后一即进第四进后楼、后厢楼等也贯通、连接为一体。第三进和第四进之间现存高墙一道、砖刻门楼一座，保存较为完好。第四进后楼为女眷居处，底层一楼与前进因高墙而阻隔，但二楼通过过楼可与前进相通。第四进后楼前天井及两侧东、西厢与前进差可相似。再后为高 6.2 米的墙垣以作围合和收尾。

周庄镇北市街的张厅（玉燕堂）是迄今为止发现的主体构架和形态保护较为完好、明代年份最早的宅第之一，占地 1 884 平方米，坐东朝西，一落七进。第一进轿厅（门厅）；第二进为前厅，有左右两厢，四周设廊并辅以木构围栏；第三进主厅（玉燕堂）前轩后廊，后进为茶厅等。后窗临河，宅后设门跨河有廊迈越小河"箸泾"。南侧有僻弄贯穿前后。1985 年余初访，见宅内数户住家挤占，第一进至第四进的厅堂被围合分割成若干住居"单元"，空间甚为逼仄，难以一窥全貌，惟有幽暗深邃的僻弄和跨泾廊道（屋）以及楠木立柱尚属完整，现玉燕堂已恢复旧貌。将其与明善堂结合起来看，无疑，前者方正、肃穆和简约，后者渐趋"向奢"，藻饰工艺精致，似乎暗合了明代不同时期江南住宅建筑变迁的风尚和痕迹，但总体上似乎尚未"广侈华丽"。

上述21处府第宅院，规模宏微不一、差异明显：平房者为玉燕堂、昭嗣堂、楠香斋三处；除王宅和朱宅主体已毁外，其余15处为楼居（部分）；占地面积迈越2 000平方米的为吴宅、明善堂、惠和堂、翁居4处；建筑面积超过1 000平方米的有玉燕堂、吴宅、明善堂、惠和堂、赵居、翁居、鸿寿堂等7处；超过400平方米的有昭嗣堂、张居、保素堂、会老堂、遂高堂、瑞霭堂等12处。由此可见，房屋规模、面积的宏微、大小等与户主官阶、地位高低关系密切——正德户部尚书王鏊之惠和堂、吏部尚书吴府、万历内阁首辅王（锡爵）府、崇祯工部尚书张辅之府等气象壮穆，万历吏部左侍郎赵居、知府昭嗣堂等格局明晰，主从分明；府第中设置园林的有玉燕堂、明善堂、会老堂、翁宅、曹宅、徐宅6处；从宅院分布地理状况看，城居6处，即太仓张、王宅和保素堂、常熟赵、翁宅，苏州吴宅，皆属苏州府所辖，明代楠木厅楠香斋原位于镇江市大西路98号，因仓巷片区开发，经市府批准在宝塔山公园祈天池畔复建。楠木厅面阔三面，进深七架，梭柱，有侧脚，梁架圆作，用材硕大，形象严谨稳重，尚存宋元古制，复建后的建筑主体木结构为原件，屋面、门窗、山墙及台基均照明代风格建造。位处市镇的计3处（玉燕堂、朱宅、鸿寿堂）；乡村7处，即惠和堂、明善堂、遂高堂、会老堂、瑞霭堂、凝德堂、秋官第、敦裕堂、椿桂堂、怀荫堂和曹宅，除曹宅外，其余10座咸集萃于洞庭东山，从而成为明代建筑遗存数量最集中的区域。除了地处太湖一隅、距府、县治所较远等交通、地理因素外，这里也是洞庭商帮和王鏊等众多官宦的故里。历史上商贾富贵之家较少延续长久，当时即有所记载，如"……（松江）至正德间，诸公竞营产谋利，……皆积至十余万。自以为子孙数百年之业矣，然不五六年间，而田宅皆已易主，子孙贫贾至不能自存"[1]。张翰也说到："……（杭州）余所闻先达高风如沈亚卿省斋、钱都宪江楼，皆身殁未几，故庐已属他姓。至如近者一二巨姓，虽位臻崇秩，后人踵事奢华，增构室宇冠亭，穷极壮丽，今其第宅，皆新主矣。此余所目睹。"[2]叶梦珠在述及明季上海望族时，对其盛衰无常亦是感慨不已[3]。至于位处太湖一隅的洞庭商故里，虽亦不乏溢耀向奢者，但素以"讳富"、"隐富"而闻名，故田宅易主之例较城市鲜少。

明代住宅屋顶以硬山式最为普遍，另有少量悬山顶。厅堂、花厅等正脊处的屋顶多以砧瓦叠砌，附属屋舍的正脊以蝴蝶瓦竖向斜铺，显得主从有序，层次分明。当房屋界梁一致时，两桁高度自下而上，按一定的规制逐渐加高，因比屋面坡度高，形成曲线形屋面，此法变为举架（举折）。屋顶的曲线通常包括建筑的檐口、屋脊和屋面，建筑两向坡顶相交而生屋脊。建筑围护结构和界面主要由承重或非承重的墙体承负，最为普遍的应推砖墙。基于御

[1]
［明］何良俊.四友斋丛说（卷三四）·正俗一.万历七年张仲颐刻本.

[2]
［明］张瀚.松窗梦语［M］.北京：中华书局，1985：140.

[3]
［清］叶梦珠.阅世编［M］.来新夏，点校.北京：中华书局，2007：82.

上海市松江区醉白池明代雕花厅

寒隔热，薄砖以立顺砌和立丁砌法交互插接形成空斗墙，外皮用白灰浆或煤浆抹面，形成素（黑）墙。墙垣因内外、方位有别而形式多样。界墙为宅院之间的分隔墙，通常高大、直矗，体量庞大。两侧立面山墙因其庞大的面积和防火阻燃、开窗设牖等功能性构件使然，也受到住户的重视。通常，苏、松等地运用砖材普遍，苏地的砖瓦业素称兴盛，陆慕（墓）、锦溪（陈墓）等均为砖窑之镇。传统建筑地基开槽普遍浅表。江南地区在50厘米上下的浅地槽基内用石块铺砌或夯击灰土和三合土。考虑到防潮避腐，常在木柱底端垫置柱础。明构木柱下多垫以木础，也用条石砌筑在槽基内，再在其上承托础石。

明代建筑中木雕、石雕、砖雕、灰塑、彩画、金属铸锻等装饰门类齐备。建筑的正立面木构组接和雕镂比较集中，雕镂少而简的玉燕堂——通常是顺应梁架处略施技艺，以凸显木构结构和力学之长；东山明善堂等则从明中前期的简约隽永幻化为精进婉约和细腻玲珑。总之，明中前期建筑雕镂主要集中于梁枋、雀替、斗拱、屏风、栏杆、神龛和佛帐等处，晚明装饰除上述外，还在牛腿、槅扇、窗棂、花罩和挂落等处施展才艺。

苏州东山镇凝德堂的正厅、仪门和门厅等处遗有多处彩画，正厅的彩画分别施于梁、枋、檩和山垫板处，连斗拱亦以色勾边上彩。建于嘉靖七年（1528）的无锡硕放镇香楠村昭嗣堂，抬梁架、脊桁、荷叶墩等大小构架（件）均髹饰青绿叠晕、棱间装饰包袱锦彩类彩画，绚丽而精致。至为珍贵者当首推常熟彩衣堂。包袱锦彩画"喜上眉梢"、"鹤鹿同春"、"麒麟松枝"、"游龙"和"海棠花"等题材丰富，于包袱边内沿绘制纤细而规整、严密而精湛的、堪似丝锦纹饰的"包袱锦",以青色作底,用真金勾填几何图形,部分枋上的彩画上粘贴木雕或沥粉堆塑的动物或花卉构件。

传统士农工商的位序上下明晰,但晚明期间四民位序错动现象并不乏见。一方面江南住宅建筑市场庞大的需求使得从业者发生了若干变化:一是与商贾的合作,即商贾出钱、艺匠出力的合作模式。二是部分技高艺精者与文士相配合——或以匠问士,或本土返匠,如松江董其昌、陈继儒及太仓吴伟业与华亭张南垣(张涟)等。时南垣"游于公卿间,人颇礼遇之"[1],俨然士匠一体。基于市场需求,使工匠在分工与合作两方面进一步深化,或根据不同的对象聘请擅长此道的专人进行设计或营构。另一方面,随着"治生为急务"、"缙绅喜治第宅"现象的常态化,辄使文士们纷纷投身其间而乐此不疲。如文震亨在《长物志》"室庐"卷中就居处的位置、式样、功能要求和室内外布置等提出的原则,阐述了门、阶、窗、栏杆、照壁、堂、山斋、丈室、佛堂、茶寮、琴室、浴室、街径庭除、楼阁、台、室外铺面

[1] [清]钱泳.履园丛话[M].孟斐,点校.上海:上海古籍出版社,2012:370.

等各种单元局部的做法、倾向和审美要义；计成则在《园冶》的第一卷"兴造论"中，开宗明义地指出"世之兴造，专主鸠匠，独不闻三分匠、七分主人之谚乎？非主人也，能主之人也"[1]的观点，强调设计（师）的重要性——显然，缙绅文士们参与到众多建筑的实践中，以其学识、理论和旨趣进行指导，对明代江南建筑的整体水准和质量起到了重要的提升作用。同时，也在总结实践经验的基础上，又对相关理论进行了归纳和建构，如计成的《园冶》、文震亨的《长物志》、屠隆的《考槃余事·起居器服笺》、曹昭的《格古要论》，以及高濂《遵生八笺》、陈继儒《园史》、王圻《三才图会》等。清季民初，苏州人姚承祖据其祖《梓业遗书》之秘笈、图册等，结合自身实践整理的《营造法原》，成为苏州地区传统营造的重要专书。

住宅建筑的精工精致与苏松地区大量以技术精湛、工艺细腻著称的工匠是密不可分的。除了哲匠辈出外，部分还"因匠致官"，如吴县香山胥口乡渔帆村木匠、建筑师蒯祥，以营缮总丞和工部侍郎的身份，总体设计、主持营造了几乎紫禁城工程量大半且最为重要的建筑（三大殿、北、中、南海和承天门等），可谓史无前例。此外，擅石雕和石料工程的明代无锡县石匠陆祥、武进阳湖（今常州）工匠蔡信、金山卫（今上海）泥瓦工杨青也皆因工精而官至工部侍郎，时称"匠官"，与蒯祥一起成为"因匠致官"的典型。此外，还有叠石名手张南阳（上海人）、张南垣（上海人）等。

一面是文士的"下行"，一面是工匠的"上行"，士匠合作，创造了中晚明江南众多的优秀住宅建筑。假如仍似明初《大诰续编》中对臣民僭越严厉的惩处暨"违诰而为之，……工技之人与物主，各各坐以重罪"[2]般，工匠们则断不可能有所发挥。顺此，明人记载的各类"僭越"或"向奢"之举，自然也与施艺的工匠难分畛域；"僭越"或"向奢"与工匠的鼓吹和推波助澜合二为一，在实施中他们则获得了实实在在的利益——"僭越"、"向奢"越甚，则利愈盈。这一点，明代张瀚早已点明，在此不符赘述。[3]

明清易代、鼎革之乱和太平天国运动的动荡，给江南运河的城镇乡村的建筑造成了深重的灾难。有清一代，清初顺治及康熙年前期法规苛严，康熙至乾隆六十年（1795）时期，房屋建设渐入高潮。在实质为"国富民穷"的康雍乾盛世时期，富足的江南地区普通民居仍以竹草编结的泥屋居多，社会财富集中在少数人群中，苛税重压下的"户派门摊，官催后保督前团，毁屋得缯上州府"[4]之类现象仍十分普遍。道光、咸丰时期兵燹不断的鸦片战争、太平天国战争等，又遭受了摧残。因此，在一定意义上而言，能保存至今的大都属于质量较好、有一定规模的建筑。如始建于明代、位于今江

[1]
[明]计成.园冶[M].陈植，注释.北京：中国建筑工业出版社，1988：47.

[2]
[明]朱元璋.大诰续编·居处僭分第七十.

[3]
[明]张瀚.松窗梦语[M].萧国亮，点校.北京：中华书局，1985：76—80.

[4]
[清]陈维崧.南乡子·江南杂咏//周韶九.陈维崧选集[M].上海古籍出版社，1994：1.

阴市马镇南旸歧村的徐霞客故居清初遭兵燹损毁后再度重修。现在的第三进（崇礼堂）即为斯时重修之物，较好地保持了明代江南建筑的格局。西侧晴山堂系徐为庆贺其母病愈而建的厅堂，徐母去世后遂将之所藏元、明两代名人为徐家所题赠的诗文法书镌刻于石、嵌于堂壁，以资纪念。位于周庄镇南市街的沈厅是一座前后临河、宅中含街的大型清代住宅建筑，由沈万三的后裔建成于清乾隆七年（1742），坐东朝西，七进五门楼，占地2 000余平方米，共有100余间房间，分布在100余米长的中轴及两旁三个部分组成：前部分为水墙门、河埠；中间为门厅、茶厅和松茂堂（正厅），前部和中部之间为南市街；后部四、五进为堂楼，六进为后厅屋，第七进为厨房下屋。前后楼之间由过街楼和过道阁相连接，形成一个环通的走马楼。居中的松茂堂面阔11米，前有轩廊，进深七檩11米，厅后有廊。平面呈方形，两侧为次间屋，有楼与前后厢房相接，屋面为硬山顶。住宅中轴明确，格局清晰，呈现了前堂后寝的传统格局和平面布置特征。

  黎里镇柳亚子故居面河而筑，占地2 603平方米，坐北朝南，前后六进，共101间。第一进为门厅，第二进为茶厅，第三进是大厅"赐福堂"，第四进为生活性的堂楼，第五进是藏书楼，第六进已毁。东侧的备弄（周赐福弄）纵深达92.9米，设有若干边门分别于二、三、四、五、六进联通。柳居的特色之处在于，一是赐福堂规模宏畅，藻饰考究。该堂阔13.7米、深15.9米、高8.95米，东侧紧接一楼一底厢楼，西缘为三楼三底。一层高的大厅共七开间呈一字形横排，几与厢楼等高，气势宏伟，但并无因高旷而导致的虚空之感，因为厅内屋架采取了覆水椽和轩的做法——在厅内做了两层屋面，这样既降低了层高，又增添了隔热、保暖等功效，这也是江南厅堂的做法传统之一。在功能区域中，大厅巧妙地分隔成了三个单元：人字形梁架及船篷轩为大厅的中央部位；船篷轩南端下布置成落地长窗（隔扇门），设宽2.6米的走廊；屋北侧沿金柱一线安排屏门，屏门后为"退堂"空间。二是第五进七楼七底的堂楼西侧建有宽一米许的"复壁"，即夹弄，以防不测之用。楼下东侧为柳氏著名的书斋"磨剑室"，书斋与双厅连通，有隔扇门径通天井。

除了枕河临街的市镇民居外，城市建筑也彰显了独特的风格，苏州市人民路两侧马医科巷43号的俞樾故居、常州市清凉路子和里3号张太雷故居、镇江市仓巷69号张云鹏故居等。朴学大师俞樾为清道光三十年（1850）进士，潜心学问40余年。他于同治十三年（1874）构屋30余间。俞居坐北朝南，共三路五进，占地约2 800平方米，西北隅为曲尺形的亭园遂取老子"曲则全"之意，构园名"曲园"。俞宅正路首进为门厅，面阔三间9.8米，进深6米。第二进为轿厅，面阔三进10.8米，进深6.65米。第三进主厅"乐知堂"，面阔三间11.1米，进深五间9.9米。第四、五进为内宅，居中以库门相通，东、西两厢贯通前后，形成一座四合围院。西路第一进为"小竹里馆"，面阔三间9.55米，进深11.9米，为俞氏读书之所。第二进为偏房，面阔三间11.15米，进深4.3米。第三进为春在堂，面阔三间11米，进深四间6.6米。堂前缀石植树，系俞以文会友和讲学之处。曲园位居故居东缘的北端，仅为200余平方米。园北有书斋三间，名"达斋"，以东有廊相连乃"艮宦"，面阔两间，为俞氏操琴之所。小园掇山掘池，建廊构亭，布局曲折变幻，颇有小中见大的造园意匠。

张太雷故居原为潘姓所居，1918年至1925年间张氏全家曾寓居于此。1987年为纪念张氏牺牲60周年，按原貌修复，以张太雷故居名义对外开放。该宅中轴为一座两进三开间的木构房屋，前进门楼。中进厅堂，东厢为张太雷母亲薛氏用房，西厢为张氏与妻子陆静华及子女的卧室。故居东侧现为张太雷生平事迹陈列室，西翼为中共国青团史陈列室。

江阴市澄江镇西横街49号系"五四"新文化运动时期文学家刘半农、音乐家刘天华、音乐教育家刘北茂三兄弟的祖居。该宅由其父刘宝珊建于清末，坐西朝东，原为二进六间加后厢及左侧前后两间。第一进三间毁于抗日战争，现已按原样修复。东西向的主轴线上，前后共两进，各设有天井，中部为前厅后堂模式，形制相同；两者以天井分隔，后堂后面的天井左右两侧各设厢房两间。东西厢各辟石库门为前后门，另在厅堂左侧各置辅助用房一间，全宅共12间，组成一院落建筑群，建筑面积近1 000平方米。现刘氏故居的第一进已辟为序厅，为刘氏三兄弟生平事迹的展览陈列。北厢房为刘宝珊的卧室，东厢房为私塾。父母卧室后面为刘北茂少时的卧室。第二进堂屋名为"思夏堂"，此额在1925年7月刘半农留法获文字博士学位后归里，为纪念夏氏祖母，遂命名之。半厢房为刘半农夫妇的卧室。1910年上半年，刘与朱惠在此完婚。南厢房为刘天华夫妇卧室，1916年初，天华与殷尚真在此喜结连理。后院南侧为厨房，对面即为后院。

杭州元宝街胡雪岩宅面南的大门位于宅院偏东侧的南墙上。进门向西是中路主轴线，依次是轿厅和天井，轿厅天井东西各设厢房，西厢为轿夫等小憩之所，东厢实为轿厅的过道。轿厅南向面阔五间，前檐柱等不设门窗；穿过轿厅正对面是坐南朝北的二门照厅，与正厅相对。作为中轴线上的主体建筑，照厅同样坐北朝南，且上下两层，面阔五间。据称此楼用紫檀木雕100个狮子藻饰栏杆，故又称"百狮楼"。正厅后面是中轴线上最后的一座庭院，分设东西向两座内花厅，即东、西四面厅，厅之间以墙垣分隔。西厅南侧门扉与芝园相通。东厅迤东有园景天井：天井东沿垣构筑爬坡长廊，径直通向倚后花园北墙而建的假山。后花园平面呈两厅一庭的布局，东西两厅均衡。故居东面的住宅由轿厅后檐廊的库门进入，入门后的长廊两侧设有小天井，廊的尽端为一南北向的长弄——南通"花厅"，北联"楠木厅"和"老七间"。花厅又谓"融冬院"，其东向的花厅又称为"颐香院"。是院外墙的东北向又建有池塘、曲桥、亭台和斜廊等与北面的"鸳鸯厅"相衔接。两座花厅小天井内均置小桥和水榭等，将园景与居住空间自然而巧妙地有机融合在了一起。

"鸳鸯厅"、"老七间"和"新七间"及"破屋"等是东区建筑较为密集的区域。其中鸳鸯厅坐东朝西，为面阔五间的两层建筑，形制构造别致。通常，鸳鸯厅多因室内梁架前后或左右有异方才构之，然此处却因建筑南北檐柱柱网分布间距的不同而称之，实属特例。北缘的"清雅堂"面阔达七间，二层为胡雪岩子女起居之所，底层为内眷厅堂。西侧有一独立的小院，四周高垣围合。坐西朝东的老七间又称

"和乐堂",也是面阔七间的二楼,是宅院内最大的单体建筑。一层原为胡雪岩的书房,楼上为其姨太太的住处。是楼东南向分别是小厨房和边厅。建筑面积达445平方米的边厅"载福堂",为坐西朝东的三开间两层建筑,全部用楠木构筑。胡宅西区内的"芝园"为一山水园林,主体构图以水为中心——水中布置亭桥一座,四周有亭台楼阁及假山,筑就曲折石梁、石堤、纤路、复道和游廊等,层次十分丰富,使水面与空间相互渗透,在错落有致中突破了窠臼,呈现了近代杭州园林的地方特色。

总观胡宅,约略有三大特点:一是根据实际功能所需对宅院的建筑、庭院和附属用房进行合理的安排,在东、中、西三条轴线上各有侧重,较好地体现了不同的功能和特色。比如中轴线的轿厅、照厅、百狮楼等"礼制性"建筑,属于对外的"窗口"部分——正厅百狮楼是重大节日、红白喜事和款客使用的重要场所,轿厅和照厅也是由外而内必经的处所,大多遵循和承继了传统建筑的格局、模式和营造方式,具有谨严、堂皇、庄重和宏敞的特质;东侧轴线上排布的新老七间、鸳鸯厅、载福堂和颐夏院等围绕水榭、亭阁、庭院和水池等展开,充分运用空间穿插和变幻之法,将之建成若干既互相独立,又紧密相联的院落群,根据各建筑的功能、属性和追求自然情趣的旨意进行了不对称的布置,使之曲径通幽,房屋甚为集中。小厨房则点明了此处为家庭内部使用处所的特征。二是西区芝园一方面源于江南私园的构园风格和体系,然而又不同于苏、扬和徽州本地的园林,园景层次丰富,气象富丽。三是胡宅所用材料十分考究,且雕镂精细。如老七间梁架用材为南洋杉木和银杏木，门窗隔扇等以紫檀、楠木、花梨、酸枝和黄杨木等名贵木材为主，实属罕见。不仅木作精雕细镂，砖雕和泥塑同样如此。如中轴线二门砖雕门楼、鸳鸯厅天井对面墙垣上四面景窗砖雕等均十分精湛，凸显了浓郁的地方风格。

二、民国建筑和地域性

沿运民国建筑遗存数量十分可观，官宦府邸、商贾宅第、店宅合一和普通居民等各种类型皆具，近现代太平天国起义、日本侵华战争、国共内战等破坏和损毁了无数的建筑，但就其绝对的数量而论仍多于前代。无锡崇安区新街巷30~32号的绳武堂，系钱钟书祖父钱福炯于1923年依传统形制建造的中型院落式住宅。宅院占地面积约1 600平方米，前后纵向共四进，面阔各七间。第一进为门厅。第二进居中三间为大厅"绳武堂"，天井两侧设厢房，东侧设僻弄连贯南北各进。僻弄北端布置厨房、餐室和辅助用房数间。厅的北面隔天井用墙垣分隔。第三、第四进为钱钟书叔父钱基厚于1926年建造的二层楼房四间，平房四间，后又于东侧院内新添建一间平房。因院内植有红梅树，故称之为"梅花书屋"。钱钟书卧室处门厅西侧的三间平房内，东侧三间为其父钱基博教授寒暑假回乡课子之所，名"后东塾"。钱宅在格局上因循明清传统的形制，藻饰较为简素。与钱居略显简略的形制和藻饰明显不同的是，苏州吴中区东山镇光明村的春在楼则以规模宏伟、藻饰精致而闻名遐迩。建于民国十一年（1922）的春在楼系棉布商金锡之耗费黄金3 741

平湖市当湖镇莫氏庄园轿厅

两、历时三年而成，是香山帮工匠的杰作之一。该楼坐西向东，主体建筑由前楼、后楼组成，占地5 500平方米，平面呈多边形。中轴线上依序为东大门，面对前楼。前楼为单檐二居，硬山五花墙，面阔五间达21.8米，带厢楼（西侧书斋、东侧花篮厅）；进深九桁带前后轩，共10.8米；楼正高4.4米。脊桁高11.3米。因该厅月梁两端雕镂凤凰图形，故此厅又名为凤凰厅。后楼亲德堂明三间，暗两间。此楼粗观为二层楼，实为三层。后楼形制、形式与凤凰厅大致相同，上有两厢房相通。前后楼东北边的花园基地呈南北狭，东西长，在北端墙垣下，构筑临池亭，园内亭台巧妙，花木疏密有致，假山依墙而起，颇有小中见大之意。

运河沿线的中小型居民建筑大都以天井为中心，四周或前后布置房屋。如基地面积许可，建筑平面布置仍然采用沿纵深的方向布置一、二进建筑单元，平房、楼房各具。金山县（现上海市金山区）枫泾镇程氏祖居位于和平坊151号（今和平街151号），是现代画家程十发的祖居，系其祖父程子美、父亲程欣木的居住地。宅约建于清晚期，坐东北朝西南，呈前后递进布置状：前面临街为平房一层，后面二层楼房，中间设一小天井，共计5间房屋，占地面积110.45平方米。房屋为砖木结构，硬山顶，灰瓦屋面，抬梁式木构架。平面呈纵长型，宽约4.7米，纵23.5米，呈前低后高状。前屋设两个开口：西侧的单门为备弄出入口；东侧为六扇大门，为其祖父问诊行医之处。过天井后的后楼平面呈凹形，一侧为厢楼，由此在东北向构成一约8平方米的小天井，楼居底层房屋为隔扇门。综观程居，整幢房屋用地堪称紧凑，平面狭长、纵深并辅以天井,既体现了市镇民居经济、简朴的建筑特征,也反映了乡绅勤俭和务实的秉性。

除了上海石库门里弄住宅为民国时期全国城市住宅建筑最大的实验基地外,周边城市也有若干成片的里弄住宅区域。杭州市上城区开元路、南山路口的恰丰里就是这一新型住居形式的代表之一。恰丰里里弄住宅群为东西向布局,两条弄堂贯穿三排共七幢,住宅坐北朝南。第三至第七幢为独立单元,第一和第二幢之间用门楼连接。每幢建筑由三个对称的单元并联组成,每单元基本对称,左、右各一户,每户前后各设一出入口。二至七单元的平面呈横长方形,进深浅,每个单元的平面纵深依次为大门、天井、主屋、廊道、后天井,各单元间廊道互通,形成一条公共廊道,各单元之间由拱门相连。从平面布置上看,恰丰里住宅的单元以三间两厢为基本模式,即传统的三合院式布局。平面呈纵长方形,面宽 8.24 米,进深约 12.2 米,主屋进深约 7.1 米。入口均设一天井,天井高度大约与二层楼板齐平,主屋后为公共廊道,中设横向楼梯。再往后就是后天井,后天井的东西两侧为左右两户的灶间。在后天井的北向两角隅处各砌筑洗漱台。建筑的前部为二层木结构,立帖式木结构加砖墙承重,梁架跨度近 9 米,梁底标高 6.7 米,二层为木格栅上铺木楼板。建筑内各间分隔原初为木板壁,后部的辅助用房多为砖混结构,砖柱上置钢筋砼预制板。一层灶间北侧墙体有一砖砌排烟通道径道三层露台,每层及露台的地坪为砼板。廊道面向后天井的外墙一层有一门洞,中设木门。该里弄住宅群的围墙和山墙体均为青砖砌筑。南缘沿街围墙白灰粉刷,顶部黑瓦平铺,屋面铺小青瓦,房屋二层开通排六扇长窗，窗套、窗楣与窗台下均以红砖条纹装饰，与铁制窗栅相呼应。东、西两面侧窗局部设外挑阳台，阳台上有简单的几何纹样的水泥栏板。亭子间上层的露台还围有西式的石柱栏杆，转角处设柱墩。入口库门外设半圆形石质拱券，门套内条石门框，配玄黑色厚木板门。

江南运河跨越现江苏、浙江和上海两省一市，串联吴越，连接江淮和吴语两大语系，虽同处江南，然地理、风貌、习俗、人群等差异却十分明显。这种区域性的差异在建筑中自然有着较为明晰的反映。根据建筑的形制、格局和匠作等特征，可以将之分为三类：一类以镇江、丹阳区域为主，建筑形制等与苏中扬州、泰州和西缘的南京等地较为相似，这里姑且以江淮风格名之；第二类以苏州、松江为核心，包括常州、无锡、嘉兴、湖州四地，称之为苏州风格；第三类以杭州为中心，包括德清、余杭等县市的建筑，且称为杭州风格。

镇江等地江淮民居建筑的平面布置同样以纵向轴线统领主干，依序展开。不过在平面布置和空间格局中并不一定两两对称或均衡左右，在墙垣处理上习用小青砖砌筑，不复用白粉涂髹；门头上端砖细门楣处尺度也颇为宽大，而入口库门的尺度却又偏于瘦削，门扉上并无苏、湖、松、锡等地竹篾编织的习惯做法，亦少苏松地区习见的砖雕门楼。以镇江京口区米仓巷张云鹏故居为例，该宅坐北朝南，四进九间，庶几每一进均设有一庭院，且布置精妙。第一进即为一横长形小庭园，西侧为厢房，前置旱桥，原上架竹制棚架，藤葛环绕，竹管接水等，现部分已改成铁构。第二进偏东南向大门，三级台阶、门墩左右对称，门额上及两侧砖雕精美。入得院内但见西向设厢房，六扇槅扇门开间。

东侧廊道曲径通幽，木构栏杆、挂落围合，居中院内植栽葱郁，绿意盎然。第三进三大间主屋，居中堂屋，两侧各设房间。堂屋室内空间高矗，檐下设雕花板，前檐走廊两侧木栏上雕斫"八仙过海"题材的木雕图案，一层长窗（隔扇门窗）工艺精湛，雕镂也颇为细致。主屋前为大庭院，东西向的粉墙将院落分为东、西两部分：纵长形的西院内连接二至四进，设竹、石、芭蕉和过廊等，意境顿成。东侧廊道环绕，院内枝叶婆娑，绿荫阴翳，古井"枯井流香"和百年香园树，以及清康熙年间"圣旨"汉白玉石刻，13块昆山产的大方"金砖"等遗物，见证了旧宅的沧桑。尤其是第三、四进的护门罩，为镇江所仅存——取护门罩之形而非砖楼之式，呈现出江淮与江南建筑鲜明的风格差异。第四进为家人起居之所。

镇江市解放路演军巷16号五柳堂，系"陶金记"商号主人陶氏的住宅，前后共七进，占地面积2000余平方米。房屋均面阔三间，硬山式屋面，前、后进均设置砖细雕刻门楼。第一进为倒座，晚清时建造；第二进为明代楠木厅（正厅）；第三进为后大厅，清前期建筑；第四、五、六、七进均为晚清建筑。与第四进平行、另建有一座藏书楼"游经楼"，时间约为民国初年。所以，建筑群的历时性清晰，明、清初、清末和民国初期等不同时期建筑的痕迹明显。目前仅存第二、三、四进和藏书楼。其中，楠木厅结构仍保持明代作法，楠木七架梁，用材粗硕，屋面起架平缓，屋身较低，出檐深远。立柱呈梭状，收分侧脚明显。柱顶有卷刹，上设斗拱，如意形棹木。明间居中采用减柱造，呈抬梁架式，次间山面无脊柱；在两山面的七架梁上用木板封罩，装

无锡市北塘区惠山镇祠堂砖雕门楼

饰镜屏式框架。明代造园家计成晚年择居润州时撰写的《园冶》中谈到"凡屋以七架为率",即以七架梁为标准。在七架梁中的"酱架式"中,他指出:"不用脊柱,便于挂画,或朝南北,屋傍可朝东西之法。"[1] 意即类如楠木厅类之所以省略中脊柱,其目的一在于在山墙面的居中悬挂字画可更显规整,如设置中脊柱的话字画悬墙便难于处理;二是在脊柱的位置处亦可灵活处理,如开设侧门等。楠木厅大木作的三架、五架与苏州地区一样,均为扁作月梁式,其中五架梁用两块木料镶拼而成,底部装饰为佛教图案忍冬花,阳刻;梁上不髹漆,呈现木材的素质。三架梁的荷叶墩上的大斗托住山雾云顶住脊檩,底部的石磉、柱础取大理石,做工较为考究。在清前期建造的第三进后大厅七架梁中,五、三架均有拨亥,整个屋身梁斜状,明间铺砖也随墭地斜铺呈菱形,与前进楠木厅的中轴线错位,较为特殊。陶氏"游经楼"为藏书、读书和写作之所,取自陶渊明《饮酒》组诗中"少年罕人事,游好在六经"之句。楼主系陶季成之子陶绍莱,他在此曾自编自刻《润州唐人集》、《游经楼初学稿及续稿》、《游经楼间关叠韵唱和集》、《历代陶氏诗集》等。楼为上下二层,一层设前檐廊,二层为前后檐廊,上下楼梯布置于楼东侧,绕至后侧有一狭窄折返式楼梯至后檐廊上至二层,这一处理方式也与苏州等地有所不同。两层的次间与明间中为镜屏式格栅阻隔,前后廊栏杆均为西式的车木工艺所制,上端以万字形挂楣。在楼的南缘天井内,其东西两翼现存磨砖纵长形八角门,上置大理石额石,东额斫"涵芬",东额刻"揽秀"。山墙脊饰浑厚壮实的观音兜。由于五柳堂各进房屋建于不同时期,一方面呈现了明晰的历时性，另一方面，也展现了镇江民居的建筑地域风格，如青砖、墙垣、房屋朝向度向趋于自由，院落进出呈东门进、北门出等。这在前述张云鹏建筑中也大体如此，其平面布置、建筑形制、匠作体系与苏中地区如兴化刘熙载故居等较为相似。

第二类的苏州风格特点是以合院为模式，纵轴为纲，层层递进。典型的如前述苏州吴一鹏府邸的平面布置和空间组合，还有位于无锡南长区伯渎港街的祝大椿故居。该宅面朝伯渎港，主轴线上的四进房屋建于清代，均为面阔三间的硬山顶平房。门面两侧墙垣处对称开设八角形窗牖，居中大门门扉上用传统江南的做法以竹篾细片编排成菱形。第二进素墙库门，第三进为精致而简约的砖雕门楼，主厅曰行素堂，其梁架前为船篷形廊轩，后为双步廊。两侧的房屋系民国时期所扩建，西侧有面阔三间、前后四进的平房；东侧则为三开间两进、高二层的小转盘楼。后为两层楼居，前置园苑亭阁，叠山理水。

祝大椿于 20 世纪初在上海先后创办轧花厂、纱厂、丝厂、面粉厂，享有盛誉的华生电

[1] ［明］计成.园冶注释［M］.陈植，注释.北京：中国建筑工业出版社，1988：102.

器厂。他热心于家乡的公益事业建设，先后与人合资创办两所平民学校，将其此宅部分改为大椿小学堂。纵观祝宅，颇具规模，首进两侧起突明显的山墙端部，起翘屋脊、砖细门楼和竹编门扉等，呈现了浓郁的无锡地方建筑特色。

与祝宅形制和风格相近似的无锡玉祁镇礼舍村薛暮桥院士的祖居慎修堂。该堂由薛氏祖母主持建于1884年，原主体建筑为三间四进、砖木结构，第三进为二层，占地405平方米，现仅存一、二进共三间平房。薛宅开间略窄于祝大椿故居，居中大门由四扇木门扉组成，房屋白墙黛瓦，屋脊呈反月形两端起翘，形状优美，两侧山墙中央一如无锡通常做法，突兀高矗——这种山墙做法仅见于无锡一地，四周的苏州、常州、江阴、常熟、金坛、太仓、宜兴等均无此例，从而形成了鲜明和独特的地域建筑标识。金山区枫泾镇新街11号是爱国人士朱学范的故居，建于清光绪三十一年（1905），为松江、上海及嘉兴地区典型的砖木两层楼居。建筑面积1 500余平方米，上下共10间房屋。前临南大街处侧为平房，主屋两层楼，均五间面宽。甫入房门为会客之所，主屋二层为卧室。后面临河处为厨灶间，整幢建筑布置紧凑，主次分明。至于山塘街西侧东杨安浜的吴一鹏府邸，则可以视为苏式风格建筑的代表。

另外，位于无锡荡口镇仓河北街新当里的华衡芳祖居也颇具价值。华氏为江南望族，其居占地3 485平方米，建筑面积1 865平方米，始建于清乾隆年间，坐北朝南，前后五进。平面主轴线上依序布置大门、前厅、天井、小厅、天井、惇惠堂、花园（天井）和荔雨轩。华居东侧的司署弄旁中轴的纵向之间设有僻弄和横弄相连，轴线东侧另布置数十间房屋。建筑群的平面组织规整中含变化，建筑形式丰富多样，反映出乡居正中求变、富有环境意趣的居处特质，且内外森然有别，藻饰沉穆，朴质中蕴含着富丽。在偏僻的苏州金庭镇明月湾村，其宅第外墙高矗、简朴，体现出"讳富"的特征。如位处大明湾区域、建于清乾隆四十八年（1783）的吴宅，坐北朝南，占地450平方米。建筑均高两层，分东西两路，西路为主轴，依次设大厅、内厅，东路为门厅和书斋。大厅额署"礼和堂"。其中的书簏为花篮厅结构，制作精良。

　　第三类的杭州风格民居，平面布置也以三合院形式为主，平面紧凑，基本为三间两厢式布局，中间围合天井空间。在这一模式中，还有两种因"加法"延伸而成的组合平面：一是以上述两个三间两厢式相背组合而成的样式，如此做法可在墙内构成两个天井空间。二是平面呈"回"形，正屋面对入口门位设门厅并与两侧厢房连接；抑或前后两进正屋与两廊连接。虽然也称为四合院，但天井空间较窄，且多楼屋，故与北方四合院明显不同。变三间两厢式为三间一厢式的布局，是另一种变体的平面布置模式，特点是两侧厢房并不对称。如濒河地带的沿街住宅则如上述枫泾程十发祖居般，多为层层递进式往纵深处拓展，即房屋平面与街道呈垂直相。因濒河沿街的空间有限，故大多数以一开间为主，少数两开间。两侧多实墙、少（不）开窗。城区民居泥墙体厚实，屋面较简单，多用小青瓦铺敷，举架平缓，颇显轻巧。

三、华洋折衷

伴随西风东渐，欧美建筑技术、结构和材料的革新在沿运城市迅速展开，钢结构、混凝土的运用，工业、商业、金融、文化和新型住宅建筑形态层出不穷，住宅的西化倾向日渐浓郁，如上海新式石库门里弄住宅的弄口门楣上大多做成巴洛克式的雕饰，甚至还出现了颇为新潮的装饰派的造型样式。至20世纪20年代起，石库门里弄民居进一步简化造型、弱化装饰。众多商贾和缙绅的宅邸融中西之长，呈现出华洋杂处的面貌。纵观其构、其制，可分为外西内中和中西结合两大类，处理手法各臻其优，凸现出西风东渐后建筑体用取向上的矛盾性、新潮性和复杂性的抉择倾向。

外西内中类可以无锡市滨湖区周新镇的张卓仁故居为例。张氏以铁业和远洋业运输发迹，其居厚德堂建于清光绪三十二年（1906），坐北面南，阔45米，深三进，居中设天井二。房屋以中轴线为纲，层层递进。第一进一层，第二、三进二层，四周高垣围合。张居所谓的"外西"，就是其外立面、尤其是南向主立面的样式撷取了欧洲巴洛克式建筑风格。因张氏开展实业的基地主要在上海，故其门头的处理酷似上海的石库门建筑形式，门头处三角式山花、库门宕石构和玄色木门组合，浮雕和圆雕做成的欧式图案、纹样，立体感凸显；高矗墙垣上端的栏杆为花瓶柱式，排列整齐而富有几何式的韵味。穿过第一进天井，第二、三进又以中国传统建筑的形制和格局经营，尤其是第三进的厚德堂，上下共两层，三面围合，面天井处通体木构雕镂，极尽藻饰。底层四根粗硕的方形檐柱与其间精细木雕挂落的有机组合，檐廊里墙和两厢立面均为江南长窗（落地门）辅以玻璃窗，通透而雅洁。二层一如底层围合状，长窗玻璃外围，形成二楼三个向度房屋的贯通，构成走马廊型。

同样以中西结合为圭臬，但因主导理念不一，其结果大相径庭。以恪守传统建筑制度、反映等级的无锡崇安区学前街薛福成故居为例，占地面积21 000余平方米、建筑面积6 000余平方米的群体组合无疑是近代无锡最具规模的宅院之一。其中西合璧是在传统格局和主导中镶嵌了小微单元的西式建筑元素，见证了西风东渐建筑变革的前奏和转型期的困惑，似可归于拼凑型的"合璧"。这里的西式建筑元素指的是弹子房，系薛福成之子薛南溟从英伦带回桌球置于此室。桌球室大量运用钢窗和彩色玻璃，空间宽绰，光线明亮，色泽浓艳，一反传统建筑中沉穆晦暗的气息。

南浔镇张石铭和张静江两堂兄弟的宅院，前者（老宅）为地道的法式古典建筑，后者为传统的江南院落，交相辉映。海宁硖石镇红砖库门的徐志摩故居等，庶几就是上海石库门的复制。另外，位于镇江市伯先路29号、建于1927年的原国民政府苏、浙、皖邮政受理处处长屠家骅的公馆，四开间，居中两间为四层，两侧三层，青砖叠砌，平瓦屋面，边门上于右任书"捷径"石门额。临街三楼设有挑式凉台，围以铁栏，楼后设花园，中西糅合的折衷性尽在其间。

除了外西内中、中西结合两类华洋折衷的建筑风格之外，采取直接"拿来"模式的数量也颇为可观，此类建筑的户主多为商界精英、达官贵胄。如无锡荡口镇实业家蔡洪生公馆，以钢筋水泥梁柱构架、钢窗、彩色马赛克贴面和铺地，规模宏大，形态高矗，呈现出浓郁的近现

无锡市周新镇张卓仁故居西式门头

代西方建筑的风韵。镇江伯先路 35 号的蒋怀仁诊所建于清光绪三十三年（1907），为当地最早的私人西医诊所。傍山而建的三层楼房以红砖为主，砖、木、石混合结构，计 40 多间，仿欧洲古典式，楼中部门楼突出，柱头雕饰，富丽堂皇，室内藻饰妍丽。

湖州南浔镇南西街的张均衡（石铭）宅，规模宏大，由旧宅（懿德堂）、原顾寿藏宅和原董宅组成。占地总面积 5 135 平方米，建筑面积 6 137 平方米，共五落四进，房屋 244 间。前临南市河的懿德堂为传统风格，其北侧原为顾宅，门厅、大厅均为一层，腰门后设砖楼。第三进内厅二层楼窗中镶嵌着法国阿尔萨斯地区道姆公司于 19 世纪末、20 世纪初新艺术运动时期生产的蓝色蚀刻玻璃，其纹样撷取四时花卉和果品植物之形状，简约而不失韵致，颇显晶莹精雅之美。花纹玻璃以扁横状菱形组合在窗框内，一樘四扇，每扇纵向排列四片，形成了有序美妙的秩序和节奏。南侧即原董宅的第四、五进，仿法国古典主义巴洛克建筑风格，较为完整地呈现出 18 世纪法国巴洛克建筑的风格。

还有西湖南岸蒋介石、宋美龄的别墅澄庐。建筑面积约 900 平方米，占地 4.699 亩，大小 36 间房间。造型为近代初期现代主义和折衷主义相结合的风格，上下三层，横向三开间。层层退让的建筑形态和空间布置，不啻为观览西湖提供了不同高度和视角选择，同时，也强化了别墅建筑的特质——风景与居住者的生活联系，提升了建筑空间所拥有的居住和审美的多重价值。无论是通透的建筑组合、精美的柱廊、三楼居中的穹隆顶，还是外立面诸层灰色混凝土、黄色墙漆和露明楼梯、带有雨棚的大阳台的处理等，淋漓尽致地呈现出浓郁的欧美建筑风格和技术。

镇江市京口区演军巷69号五柳堂鸟瞰

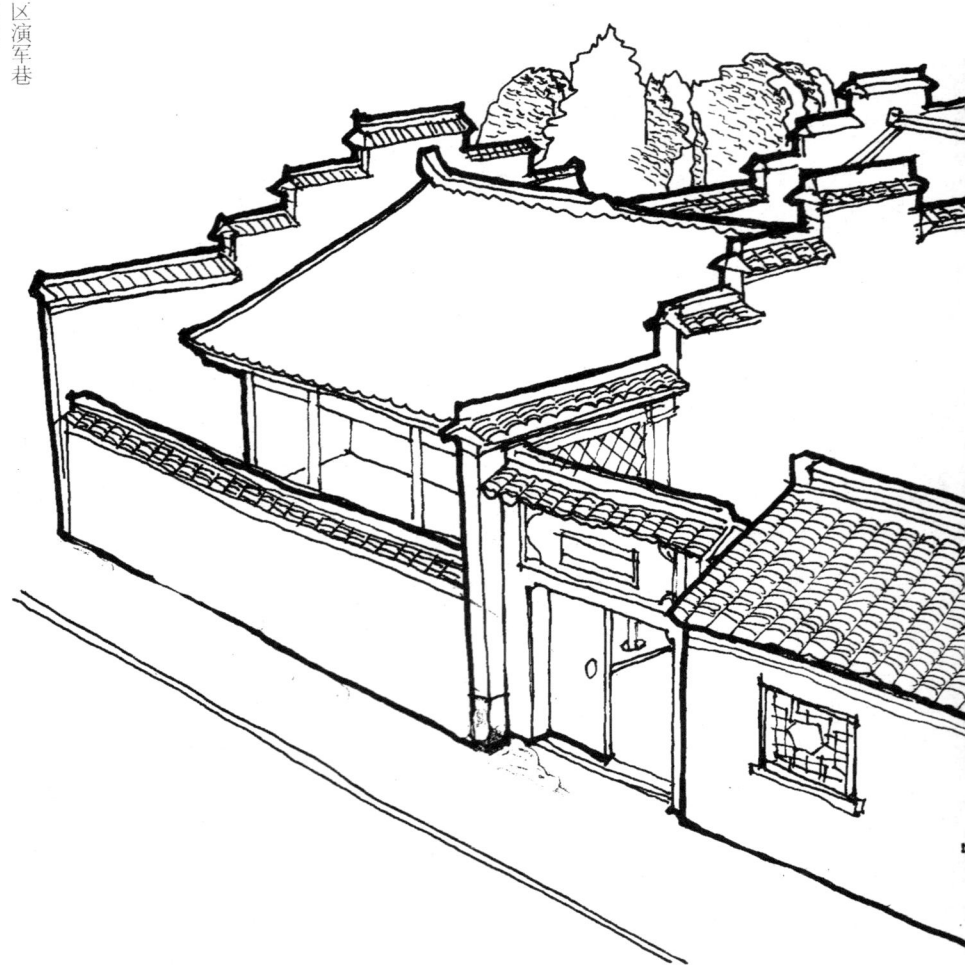